Karina Schmidt

BISTRO BÜRO

Schnelle Gerichte zum Mitnehmen

KOSMOS

Bistro-Küche im Büro? Kein Problem!

Sitzungen, Telefonate, E-Mails – der Büroalltag wird immer hektischer. Gesunde und ausgewogene Ernährung kommt da oft zu kurz. Der erste Hunger am Vormittag wird mit einem Schokoriegel bekämpft, zum Mittagessen gibt es nur ein belegtes Brötchen vor dem Computer und am Nachmittag muss das Tief dann mit Kaffee und Keksen überbrückt werden. Abends ist man hungrig und müde und will auf keinen Fall lange in der Küche stehen. Kommt Ihnen das bekannt vor? Und haben Sie genug davon? Kein Problem!

Dieses Kochbuch hat die Lösung: 115 Rezepte, mit denen Ihr Büro zum Bistro wird. Leckere und schnell zubereitete Alternativen zu ungesundem und teurem Fastfood. Keine Sorge, mit „gesund" sind in diesem Kochbuch nicht nur Vollkornbrot und Obst gemeint. Sondern Salate und Rohkost mit leckeren Dressings und Dips, Pasta-Saucen mit viel Gemüse und erfrischende Joghurt-Drinks. Denn schließlich soll auch der Genuss im Büro nicht zu kurz kommen.

Abwechslung ist das Schlüsselwort: leckerer Brotaufstrich, würzige Eintöpfe, kleine, selbst vorbereitete Snacks und Notrationen bringen kulinarische Vielfalt in den Büroküchen-Alltag.

Alle Rezepte sind unter der Maxime „Wenig Arbeit für die Arbeit" entwickelt worden. In maximal 15 Minuten zu Hause vorbereitet, müssen die Zutaten im Büro nur noch gemischt und die Gerichte kurz in der Mikrowelle gegart oder erwärmt werden. Fertig ist eine Büromahlzeit, die guter Bistro-Küche in nichts nachsteht.

Guten Appetit!

Aller Anfang ist schwer

Überall wird es uns gepredigt: Gesunde Ernährung steigert die Leistungsfähigkeit bei der Arbeit. Hundertmal haben wir es uns schon vorgenommen: kein Fastfood und weniger Kaffee. Zu Hause kein Problem, aber wie schafft man es, eine gesunde Lebensweise mit einem hektischen, stressigen Job zu vereinbaren? Ein paar Tipps für den Büro-Alltag, damit sich die guten Vorsätze beim nächsten Mal nicht gleich in Luft auflösen.

@ **Nehmen Sie sich Zeit!** Statt vor dem Computer zu essen und dabei weiterzuarbeiten, sollten Sie eine feste Mittagspause einplanen. Denn die ist nicht nur zur Nahrungsaufnahme da, sondern auch Erholungspause. Sie hilft dabei, für einige Zeit abzuschalten, neue Energie zu tanken und auf andere Gedanken zu kommen.

@ **Bleiben Sie nicht sitzen!** Es hilft am besten, wenn man mittags das Büro verlässt. Meist reicht ein Tapetenwechsel von 15 Minuten schon aus, um in gesundem Tempo zu essen. Gibt es keinen Aufenthaltsraum, setzten Sie sich an einen Konferenztisch. Hauptsache weg von Telefon und Computer.

@ **Atmen Sie durch!** Nach einer erholsamen Pause und frischer Luft am Fenster (oder einem kurzen Spaziergang) geht die Arbeit wieder viel leichter von der Hand.

@ **Sorgen Sie vor!** Natürlich kann es sein, dass eine richtige Mittagspause einfach nicht drin ist. Wenn das abzusehen ist, kann man sich gesunde Snacks in Ruhe zu Hause vorbereiten. Solche Notrationen vermeiden, dass aus Zeitmangel doch auf Schokolade und Kekse zurückgegriffen wird.

@ **Hängen Sie nicht ab!** Kleine gesunde Gerichte, die in 3–5 Minuten zubereitet sind – Obst und Gemüse mit selbst gemachten Dips, Joghurt und erfrischende Getränke – halten den Zuckerspiegel und Ihre Arbeitsenergie konstant.

@ **Trinken Sie regelmäßig!** Wer zu wenig trinkt, macht körperlich und geistig schneller schlapp. 1–2 Liter Wasser, über den Bürotag verteilt, halten gleichbleibend fit und versorgen den Körper mit wichtigen Mineralstoffen. Die lästige Frage des Wasser-Transports lässt sich mit der Lieferung durch einen Getränkehändler für alle im Büro oder einen Sprudelbereiter lösen.

@ **Kaffee in Maßen!** Das warme Getränk ist das Mittel der Wahl, wenn es gilt, ein Leistungstief zu überbrücken. Tatsächlich putscht Kaffee kurz auf und macht wach, spendet aber nicht langfristig Energie. So fühlt man sich müde und ausgelaugt, sobald die Wirkung des Koffeins nachlässt.

So wird Ihr Büro zum Bistro

Wieder mal 5 vor 12 und im Büro gibt es was Schnelles vom Imbissstand, ein belegtes Brötchen vom Bäcker?! Muss nicht sein. Zur gesunden und preiswerten Ernährung im Büro gehört nicht viel. Etwas Planung und Organisation machen die Sache einfach. Nach einem Blick in die Teeküche und den Terminkalender wird die Speisekarte für Ihr Bistro Büro zusammengestellt.

Gibt es einen Kühlschrank? Salate und vorbereitete Gerichte sollten bis zum Verzehr immer kühl lagern. Zur Not geht es auch mit einer kleinen Isoliertasche.

Was passt in meine Schreibtisch-Schublade? Einen Grundvorrat an Gewürzen, Dosengemüse oder Antipasti im Glas kann man ungekühlt mehrere Monate im Büro aufbewahren.

Gibt es eine Mikrowelle? So wird im Handumdrehen aus wenigen Zutaten Schnelles, Feines und Gesundes zubereitet und aufgewärmt.

Wer braucht den Wasserkocher? Selbst gemachte Suppen und kleine Gerichte wie Couscous und Risotto sind – mit heißem Wasser aufgegossen – ruck, zuck fertig.

Wozu braucht man einen Sandwich-Toaster? Mit dem Waffeleisen für Toast und Brötchen wird aus den Zutaten fürs Käsebrot oder der Stulle vom Bäcker eine knusprige warme Mahlzeit. Das Gerät kostet nicht viel und passt in jedes Regal.

So bleibt alles frisch und appetitlich

Worin transportiert man Salatdressing, Suppen & Co. am besten, ohne dass sie Tasche und Schreibunterlagen aufweichen? Und wie kommt man bei Aufbewahrung und Transport mit möglichst wenig Behältern aus? Die Haushaltsindustrie ist darauf bestens vorbereitet. Man muss nur die richtige Wahl treffen:

- **Frischhaltedosen aus Kunststoff benutzen**, die dicht verschließbar und unterteilt sind. Darin kann man alle Zutaten getrennt transportieren und im Büro mischen. So bleiben Croûtons frisch und knusprig, bis sie über den Salat gestreut werden.

- **Sturzgläser mit Schraubdeckel und ohne Einbuchtungen** eignen sich für warme Gerichte aus der Mikrowelle sehr gut. Der Inhalt lässt sich nach dem Erwärmen leicht herausnehmen bzw. stürzen

- **Kleine Schraubgläser**, z. B. von der Marmelade oder Einmachgläser mit Metallbügel, schließen luftdicht und sind für Dressings oder stark färbendes Gemüse wie Rote Bete gut geeignet.

- **Lackierte Holz- oder Plastikdosen** aus Japan sind nicht nur praktisch, sondern auch schön. Die sogenannten Bento-Boxen bestehen aus übereinander stapelbaren Einsätzen mit Deckel. Sie werden mit einem Gummiband zusammengehalten und in einer passenden Stofftasche transportiert.

Mit System zum Genuss

Belegte Brötchen zum Mittagessen, ein Apfel oder eine Banane als Nachmittags-Snack – auf Dauer wird das langweilig und spätestens um 5 knurrt der Magen richtig. Dieses Kochbuch gibt Ihnen zahlreiche Anregungen für mehr Abwechslung im „Bistro Büro" und beweist: Gesunde, ausgewogene Ernährung im Büro kann schnell gehen und muss nicht teuer sein!

Kurze Vorbereitungszeit: Die Zutaten werden im Durchschnitt in 5–10 Minuten zu Hause vorbereitet.

Kurze Zubereitungszeit: Im Büro müssen die Gerichte nur ausgepackt, die Zutaten gemischt und je nach Rezept in der Mikrowelle erhitzt, mit heißem Wasser aufgebrüht oder im Sandwich-Toaster gebacken werden.

Aus 1 mach 3: Aus einem Basisrezept können für 2–3 Tage verschiedene Gerichte abgeleitet und auf Vorrat zubereitet werden.

Tipps und Varianten: Sorgen dafür, dass nichts schiefgeht auch Lieblingsrezepte nicht langweilig werden.

„Clever kochen": Am Wochenende etwas mehr Reis, Nudeln oder Kartoffeln kochen und während der Woche daraus in kurzer Zeit eine vollwertige Mahlzeit zubereiten.

Reste verwerten: Milchprodukte oder frisches Gemüse wie Lauch und Staudensellerie kann man nicht in kleinen Mengen kaufen. Reste müssen trotzdem nicht verderben. Ein Blick in den Zutatenverweis im Anschluss an den Rezeptteil des Buches erleichtert die Suche nach weiteren Rezepten mit denselben Zutaten.

Die Vorbereitung verkürzen: Tiefgekühltes Gemüse und fertig geputzter Salat aus dem Kühlregal sind gut portionierbar und stehen frischem Gemüse in Mineralstoff- und Vitamingehalt nicht nach.

Keine exotischen Zutaten: Die meisten Rezepte kommen mit einfachen Zutaten und Gewürzen aus. Eine Tabelle mit Grundzutaten finden Sie auf S. 135. Wer mag, kann sein Essen trotzdem noch verfeinern. Mit Nüssen, Sprossen, frischen Kräutern und Früchten.

Sparsamer Einsatz von Küchengeräten: Zu Hause reichen in der Regel ein Messer, ein Sparschäler, ein Küchenbrett und eine Schüssel aus, nur selten wird ein Pürierstab benötigt. Im Büro reichen Messer und Küchenbrett. Mikrowelle und Wasserkocher vorausgesetzt.

Keine Mikrowelle vorhanden: Alle Suppen, Eintöpfe und Nudelgerichte können auch auf dem Herd zubereitet werden.

Praktische Tipps für das Garen in der Mikrowelle

In der Teeküche ist meist wenig Platz, einen Herd gibt es nicht und die Zeit für eine Mittagspause ist kurz. Für schnelle warme Mahlzeiten ist die Mikrowelle daher ideal. Bei kleinen Portionen für 1 Person sind die Garzeiten kurz und garantieren so eine vitamin- und nährstoffschonende Zubereitung. Für Gemüse-, Suppen- und Eintopfgerichte, Risotto oder Polenta also kein Problem.

Beim Garen in der Mikrowelle erzielt man ausgezeichnete Ergebnisse, wenn man die folgenden Hinweise beachtet:

≋ **Geschirr aus Glas, Keramik und Porzellan** ist besonders gut für die Mikrowelle geeignet. Allerdings sollten Sie keine Gläser mit Metall-Deckel und Klapp-Bügel oder Geschirr mit Goldrand in der Mikrowelle erwärmen. Es kann zu Funkenschlag kommen.

≋ **Deckel aus Plastik oder Porzellan** sind beim Erhitzen der meisten Gerichte ein Muss, damit das Gargut nicht austrocknet. Dafür eignen sich die mit einer Mikrowelle mitgelieferten Plastikdeckel, aber auch normale Teller.

≋ **Runde hohe Formen** sind zum Garen am besten geeignet. Die Mikrowellen dringen nur ca. 3,5–4 cm tief von allen Seiten in das Gargut ein. Gläser mit 7–8 cm Ø (Sturzgläser) sind deshalb perfekt dafür. Sie sollten mind. 11-12 cm hoch sein, damit der Inhalt nicht überkocht.

≋ **Die in den Rezepten angegebenen Kochgefäße verwenden.** Garzeit und Garergebnis werden in der Mikrowelle wesentlich von der Form und Anordnung der Speisen und von der verwendeten Flüssigkeitsmenge bestimmt.

≋ **Alle Zutaten gleich groß schneiden**, dann werden sie in der Mikrowelle auch gleichmäßig gar.

≋ **Die angegebenen Garzeiten sind Richtwerte** und eher kurz bemessen. Die Gerichte sollten lieber zu knapp gegart als übergart sein.

≋ **Speisen garen von außen nach innen.** Die Behälter also nicht in die Mitte des Drehtellers stellen, sondern an den Rand. So wird alles gleichmäßig warm und gar.

≋ **Doppelte Menge, doppelte Garzeit.** Das gilt für alle Zutaten und Gerichte in diesem Buch.

≋ **Kein Brot in die Mikrowelle.** Backwaren werden in der Mikrowelle schnell feucht und weich. Eine Ausnahme sind Tortilla-Wraps oder Pitabrot.

Brot
Aufstrich
&
Sandwiches

Bei Brot und Brötchen ist die Auswahl groß, aber der Belag beschränkt sich oft auf Käse und Wurst. Dabei kann man mit selbst gemachtem Aufstrich ganz leicht für Abwechslung sorgen. Frisch zubereitet und schnell variiert – eine echte Alternative zu fertig belegten, teuren Brötchen vom Bäcker.

- Nicht nur Weißbrot: Zu pikantem Aufstrich passen Vollkorn- oder Schwarzbrot ausgezeichnet und machen länger satt.

- Leicht variierbar: Quark- oder Frischkäsecreme in größeren Mengen vorbereiten und bis zu 3 Tage im Kühlschrank frisch halten.

- Schnell was Warmes: Ein Sandwich-Toaster macht im Büro aus belegten Brötchen und Toast knusprige warme Mahlzeiten.

Frischkäse-Quark-Aufstrich

BASISREZEPT

Zutaten für 1 Person

60 g Frischkäse oder Quark
1 EL Olivenöl
Zitronensaft
Salz, Pfeffer

Verpackung
1 Frischhaltebox

Zu Hause vorbereiten

Frischkäse oder Quark mit Olivenöl
verrühren. Mit etwas Zitronensaft,
Salz und Pfeffer abschmecken. Die
vorbereiteten Zutaten für die jeweilige
Variante unterrühren und kühl stellen.

Tipp

Aufstriche mit rohem Gemüse
gären leicht und werden bitter. Sie
sind nur 1–2 Tage haltbar. Deshalb
am besten das vorbereitete Gemüse
erst vor dem Mitnehmen unter den
Aufstrich mischen.

Erdnussquark

- 2 EL Erdnüsse
- 1 kleine Gurke (50 g)
- 1 Tomate
- 1 EL gehackte Petersilie
    (frisch oder tiefgekühlt)
- 1 TL Olivenöl
- 1/2 TL Sahne-Meerrettich
- 1 EL Erdnussmus
- 1 Prise Cayennepfeffer
- Salz

Die Erdnüsse grob hacken. Die Gurke schälen und würfeln. Tomate waschen, entkernen und das Fruchtfleisch fein würfeln.

Zutaten mit der Petersilie unter den vorbereiteten Quark heben. Olivenöl, Meerrettich und Erdnussmus untermischen. Mit Cayennepfeffer und Salz abschmecken.

Kapernkäse

- 1 Frühlingszwiebel
- 1/2 rote Paprikaschote
- 1 Essiggurke
- 1 TL Kapern
- 1 TL Senf
- 1/2 TL gemahlener Kümmel
- 1/2 TL edelsüßes Paprikapulver
- evtl. 1–2 Sardellen

Frühlingszwiebel und Paprika putzen und fein würfeln. Die Essiggurke ebenso.

Mit Kapern, Senf, Kümmel und Paprikapulver unter den vorbereiteten Quark oder Frischkäse rühren. Evtl. noch klein geschnittene Sardellen zugeben.

Radieschencreme

- 4 Radieschen
- 2 EL Schnittlauch
- 1 EL Kresse oder
    gehackte Petersilie
    (frisch oder tiefgekühlt)

Radieschen putzen und in sehr feine Streifen schneiden. Schnittlauch in feine Röllchen schneiden. Kresse grob hacken.

Zutaten unter den vorbereiteten Quark oder Frischkäse heben.

Tipp

2–3 Scheiben Vollkornbrot oder Pumpernickel mit Frischkäse-Aufstrich sind eine vollwertige Mahlzeit und machen richtig lange satt.

Cremiger Brotaufstrich

Schafskäse-Creme

Zutaten für 1 Person

1 Frühlingszwiebel
50 g Schafskäse
50 g Joghurt
evtl. etwas Milch
2 milde Peperoni
6 schwarze, entkernte Oliven
Thymian, Oregano oder
   Kräuter der Provence
Salz, Pfeffer

Verpackung
1 Frischhaltebox

Frühlingszwiebel putzen und in feine
Ringe schneiden. Schafskäse mit einer
Gabel zerdrücken und mit Joghurt und
Frühlingszwiebeln verrühren. Mit dem
Pürierstab fein mixen. Wenn die Creme
zu fest ist, etwas Milch zugeben.

Peperoni und Oliven in Ringe schneiden, unter die Creme ziehen, mit
Thymian, Oregano, Salz und Pfeffer
abschmecken, in den Behälter füllen
und verschließen.

Makrelen-Creme

Zutaten für 1 Person

1 geräucherte Pfeffermakrele
   (aus der Dose)
4 grüne, mit Mandeln gefüllte Oliven
2 getrocknete Tomaten
2 Msp. Basilikum-Pesto
1 geh. EL saure Sahne
Zitronensaft
Salz

Verpackung
1 Frischhaltebox

Die Haut von den Pfeffermakrelen entfernen und das Fleisch grob würfeln.
Oliven in Scheiben schneiden. Tomaten
würfeln.

Pesto und saure Sahne in einem Plastikbehälter vermischen. Oliven, Makre-
len und Tomaten unterrühren. Mit
Zitronensaft und Salz abschmecken, in
den Behälter füllen und verschließen.

Thunfisch-Creme

Zutaten für 1 Person

1/2 Frühlingszwiebel
1 Tomate
80 g Thunfisch (aus der Dose)
1 EL Crème fraîche
1 EL gehackte Petersilie
   (frisch oder tiefgekühlt)
1 TL Zitronensaft
Thymian
Salz, Pfeffer

Verpackung
1 Frischhaltebox

Frühlingszwiebel putzen und in feine
Ringe schneiden. Tomate waschen, entkernen und das Fruchtfleisch würfeln.
Thunfisch abgießen und mit der Gabel
zerzupfen.

Crème fraîche mit Frühlingszwiebeln,
Tomate, Petersilie und Thunfisch
mischen. Mit Zitronensaft, Thymian,
Salz und Pfeffer abschmecken, in den
Behälter füllen und verschließen.

Hot Dog mit Rauchfleisch

Zutaten für 1 Person

1–2 Eier
1 TL gehackte Petersilie
  (frisch oder tiefgekühlt)
1 TL Sonnenblumenöl
1 Spritzer Balsamico-Essig
1 Msp. Paprikapulver
Salz, Pfeffer
4 Cocktailtomaten
4 Scheiben Rauchfleisch
  (50 g Schwarzwälder- oder
  Parmaschinken)
1 Baguettebrötchen

Verpackung

1 Sturzglas (350 ml)
1 Frischhaltebox
Frischhaltefolie

Zu Hause vorbereiten

Eier in das Sturzglas aufschlagen. Petersilie mit Sonnenblumenöl, Balsamico, Paprikapulver, Salz und Pfeffer zu den Eiern geben. Das Glas verschließen und gut schütteln. Über Nacht im Kühlschrank aufbewahren.

Tomaten waschen und in eine Frischhaltebox geben, das Rauchfleisch in Frischhaltefolie einwickeln.

Im Büro zubereiten

Das Sturzglas mit dem Rührei ohne Deckel in die Mikrowelle stellen und bei 300–400 Watt 1 Minute stocken lassen. Mit einer Gabel auflockern und nochmals 1/2 –1 Minute erhitzen.

Währenddessen das Brötchen halbieren und jede Hälfte mit 2 Scheiben Rauchfleisch belegen. Tomaten in Scheiben schneiden. Das Rührei auf die belegten Brötchenhälften verteilen, mit den Tomatenscheiben belegen und mit etwas Pfeffer bestreuen.

Salzige Muffins

BASISREZEPT

Zutaten für 1 Person

1 TL Sonnenblumenöl
1 Ei
50 g Kräuterquark
30 g gemahlene Mandeln
2 TL Parmesan
1/2 TL Backpulver
Pfeffer

Verpackung

1 Sturzglas (400 ml, mind. 11 cm hoch)

Zu Hause vorbereiten

Das Sturzglas am Boden mit Öl einpinseln. Ei in das Sturzglas aufschlagen, Kräuterquark, Mandeln, Parmesan, Backpulver und Pfeffer zugeben und mit einem Löffel zu einer homogenen Masse verrühren.

Im Büro zubereiten

Glas öffnen, auf einen Teller stellen und 3 Minuten bei 600 Watt erhitzen. Muffin mit einem Messer vom Rand des Glases lösen, auf den Teller stürzen und in Scheiben schneiden.

Schinken-Käse-Muffin

1–2 Scheiben gekochter Schinken
1 EL geriebener Emmentaler

Den Schinken zu Hause fein würfeln.
Mit dem geriebenen Emmentaler unter
die vorbereitete Quark-Ei-Masse rühren.
Das Glas verschließen und kühl stellen.

Den Muffin im Büro in der Mikrowelle
wie angegeben zubereiten.

Zwiebel-Kräuter-Muffin

1 Frühlingszwiebel
   (oder 1–2 EL gehackte Zwiebeln)
1 TL Kräuter der Provence
Pfeffer

Die Frühlingszwiebel zu Hause putzen
und in feine Ringe schneiden. Mit
Kräutern und Pfeffer unter die vorbereitete Quark-Ei-Masse rühren. Das Glas
verschließen und kühl stellen.

Den Muffin im Büro in der Mikrowelle
wie angegeben zubereiten.

Pfeffer-Leberwurst-Muffin

1 EL Leberwurst
1/2 TL grüner Pfeffer
2 TL Preiselbeeren

Leberwurst, grünen Pfeffer und Preiselbeeren zu Hause unter die Quark-Ei-
Masse rühren. Das Glas verschließen
und kühl stellen.

Den Muffin im Büro in der Mikrowelle
wie angegeben zubereiten.

Pita mit Joghurtsauce

Zutaten für 1 Person

2 EL Joghurt
1 EL Schmand
1/2 TL Senf
1 TL Ketchup
1 Msp. Chiliflocken
1 EL Petersilie
   (frisch oder tiefgekühlt)
1/4 Zwiebel
Salz, Pfeffer
1 Tomate
50 g Gurke
2 EL Mais
80 g kalter Braten am Stück
   (vom Metzger)
1 Pitafladenbrot

Verpackung

1 kleines Schraubglas
1 Frischhaltebox
Alufolie

Zu Hause vorbereiten

Joghurt, Schmand, Senf, Ketchup und
Chiliflocken im Schraubglas verrühren.
Petersilie und Zwiebel fein hacken und
zur Joghurtcreme geben. Mit Salz und
Pfeffer abschmecken und das Glas
verschließen.

Tomate und Gurke waschen, trocken
tupfen und mit dem Mais in eine
Frischhaltebox packen. Braten würfeln, in Alufolie wickeln und in die
Frischhaltebox packen.

Im Büro zubereiten

Fleischwürfel in das Pitabrot füllen
und auf einem Teller in der Mikrowelle
1 Minute bei 600 Watt erhitzen.

Währenddessen Gurke und Tomate in
Scheiben schneiden. Mit dem Mais in
das warme Fladenbrot füllen und die
Joghurtsauce darübergeben.

Tipp

Pitabrot und Tortillas lassen sich im
Gegensatz zu normalem Brot gut
in der Mikrowelle erhitzen. Da sie
sehr dünn sind und nur kurz erwärmt werden müssen, werden
sie nicht weich. Die Pita schmeckt
warm und kalt.

Mango-Burrito

Zutaten für 1 Person

2 Blätter Radicchio oder
   8 Blätter Rucola
1–2 Weizen-Tortillas
80 g Putenbrustaufschnitt
2 EL geriebener Gouda
100 g frische Mango
1 EL Mango-Chutney

Verpackung
1 Frischhaltebeutel
1 Frischhaltebox
Frischhaltefolie

Zu Hause vorbereiten

Die Salatblätter waschen, trocken
tupfen und in einen Frischhaltebeutel
packen. Tortillas, Putenbrustaufschnitt
und Gouda getrennt in Frischhaltefolie
wickeln.

Die Mango halbieren, schälen, würfeln
und mit dem Mango-Chutney in einer
Frischhaltebox vermischen.

Im Büro zubereiten (3-5)

Tortillas auf einen Teller legen und mit
Putenbrust belegen. Dabei ringsum

einen Rand von ca. 1 cm lassen. Mit der
Mangomischung bestreichen und mit
Gouda bestreuen. Dabei ringsum einen
Rand von 2 cm lassen.

In der Mikrowelle bei 600 Watt
2 Minuten erhitzen. Radicchioblätter
in Streifen schneiden und die warme
Tortilla damit belegen. Tortilla auf beiden Seiten einschlagen, aufrollen und

schräg in der Mitte halbieren. Restliche
Mangomischung als Dip dazu essen.

Tipp

Wenn keine Mikrowelle zur Ver-
fügung steht, können die Burritos
auch kalt gegessen werden.

Lachs-Burrito

Zutaten für 1 Person

2 EL Schmand
1/2 TL Sahne-Meerrettich
1 EL Schnittlauch
Muskat, Salz, Pfeffer
1–2 Weizen-Tortillas
60 g Räucherlachs oder
    Lachsschinken
100 g TK-Blattspinat

Verpackung
1 kleines Schraubglas
1 Frischhaltebox
Frischhaltefolie

Zu Hause vorbereiten

Schmand mit Meerrettich und fein
geschnittenem Schnittlauch im Glas
verrühren. Mit Muskat, Salz und Pfeffer
würzen und das Glas verschließen.

Tortillas und Lachs getrennt in Frischhaltefolie wickeln. Spinat in eine Frischhaltebox geben.

Im Büro zubereiten

Den Spinat ausdrücken. Die Tortillas auf
einen Teller legen, mit der Schmand-
mischung bestreichen und mit Lachs
und Blattspinat belegen.

2 Minuten bei 600 Watt erhitzen. Die
Tortillas auf beiden Seiten einschlagen,
aufrollen und dann schräg in der Mitte
halbieren.

Rohkost-Pizza

Zutaten für 1 Person

1/2 rote Zwiebel
1 TL Basilikum-Pesto
1–2 EL Olivenöl
1/2 TL edelsüßes Paprikapulver
2 EL gehackte Petersilie
(frisch oder tiefgekühlt)
1 TL Oregano
(frisch oder getrocknet)
etwas Zitronensaft
2 Cocktailtomaten
1/2 gelbe Paprikaschote
1 Stück Jägersalami (40 g)
30 g Parmesan
1 Fladenbrot

Verpackung
2 kleine Schraubgläser
1 Frischhaltebox

Zu Hause vorbereiten

Die Zwiebel fein würfeln. Mit Pesto, Öl, Paprikapulver, Petersilie und Oregano in ein Schraubglas geben. Das Glas verschließen und gut schütteln. Mit Zitronensaft abschmecken.

Tomaten waschen, Paprika putzen und mit der Salami in eine Frischhaltebox packen. Parmesan reiben und in ein kleines Schraubglas füllen.

Im Büro zubereiten

Das Fladenbrot mit Würzpaste bestreichen. Tomaten in Scheiben schneiden, Paprika und Salami würfeln und auf dem Fladenbrot verteilen. Mit Parmesan bestreuen.

Tipp

Den Belag kann man mit Champignons, eingelegten Artischocken, Schinken, Oliven und Mais variieren.

Mozzarella-Sandwich

Zutaten für 1 Person

4 Scheiben Mozzarella
1 Tomate
1/2 TL getrockneter Thymian
2 Scheiben gekochter Schinken
4 Scheiben Toast
Salz, Pfeffer

Verpackung
3 kleine Frischhalteboxen oder
1 unterteilte Box

Zu Hause vorbereiten

Den Mozzarella abtropfen lassen und in Scheiben schneiden. Die Tomate waschen und trocken tupfen.

Käse, Tomate und Schinken getrennt in eine Frischhaltebox packen.

Im Büro zubereiten

Den Sandwich-Toaster aufheizen.

Währenddessen die Tomate in Scheiben schneiden, salzen und pfeffern. 2 Toastscheiben mit je 1 Scheibe Schinken, Tomate und Mozzarella belegen und mit Thymian bestreuen. Die zweite Toastscheibe darüberlegen.

In den Sandwich-Toaster legen und darin 2–4 Minuten überbacken.

Variante

Für einen süßen Sandwich die Brotscheiben dünn mit Butter und Nuss-Nougat-Creme bestreichen. 1/2 Banane in Scheiben schneiden und drauflegen. Das Brot im Sandwich-Toaster kross backen.

Tipp

Der Belag für einen Sandwich lässt sich mit Gemüse, Obst oder gebratenem Fleisch vom Vortag verfeinern. Auch bereits belegte Brötchen vom Bäcker oder Brot vom Vortag werden im Sandwichmaker wieder schön knusprig und so zu einer schnellen warmen Mahlzeit.

Apfel-Lauch-Sandwich

Zutaten für 1 Person

1 EL Schmand
1/2 TL Oregano oder
   Kräuter der Provence
evtl. 6–8 grüne Pfefferkörner
Salz, Pfeffer
1/4 rote Zwiebel
1 Stück (10 cm) Lauch
1/2 säuerlicher Apfel
50 g Blauschimmelkäse
   oder Camembert
1/4 Fladenbrot oder
   Focaccia

Verpackung
1 Schraubglas
1 Frischhaltebeutel
Alufolie

Zu Hause vorbereiten

Schmand, Oregano und grünen Pfeffer in einem kleinen Schraubglas verrühren. Mit Salz und Pfeffer abschmecken.

Die Zwiebel schälen, den Lauch putzen, den Apfel waschen und trocken tupfen. Zwiebel, Lauch und Apfel in einen Frischhaltebeutel packen. Den Käse in Alufolie wickeln.

Im Büro zubereiten

Den Sandwich-Toaster aufheizen. Währenddessen das Fladenbrot aufschneiden. Zwiebel und Lauch in feine Ringe, den Apfel in dünne Schnitze und den Käse in dünne Scheiben schneiden. Die Schmandmasse auf 1 Brothälfte gleichmäßig verteilen, mit Äpfeln, Zwiebeln, Lauch und Käse belegen. Die zweite Brothälfte darüberlegen.

In den Sandwich-Toaster legen und darin 3–4 Minuten überbacken.

Rohkost
Dips
Salate

&

Rohkost und Salate sind gesund, rohe Möhren knabbern ist aber nicht jedermanns Sache. Mit leckeren Dips und Dressings sind sie aber auf jeden Fall einen Versuch wert! Nährstoffreich und kalorienarm – ein idealer Snack und eine erfrischende Ergänzung zu jedem Hauptgericht.

- Für jeden Tag: Gemüse, Salat und Dressing in größeren Mengen vorbereiten und über die Woche verteilt genießen.

- Für höchsten Genuss: Zwiebeln und Knoblauch erst im Büro unter das Dressing mischen.

- Für den empfindlichen Magen: Rohes Gemüse und Obst fein schneiden, dann ist beides besser verdaulich.

Rohkost-Dips

Dips lassen sich in größeren Mengen vorbereiten und sind nicht nur im Büro ein Genuss. Ob als Snack oder schnelle Vorspeise für Gäste – dippen kann man nicht nur rohes Gemüse sondern auch Antipasti, Cracker oder Knäckebrot.

Ei-Tomaten-Dip

Zutaten für 1 Person

1 Ei
1–2 EL Schnittlauch
1–2 Tomaten (100 g)
2–3 EL saure Sahne
1 TL Senf
1 EL Öl
Salz, Pfeffer

Verpackung
1 Sturzglas

Ei in 6–8 Minuten wachsweich kochen, abschrecken und schälen. Schnittlauch waschen und in feine Röllchen schneiden. Tomaten waschen, entkernen und würfeln.

Ei, saure Sahne, Schnittlauch, Senf und Öl in das Sturzglas geben, mit dem Stabmixer zu einer cremigen Paste pürieren. Mit Salz und Pfeffer würzen und die Tomaten unterheben.

Camembert-Dip

Zutaten für 1 Person

70 g Camembert
2 EL Sahne
2 EL Joghurt
1 TL Senf
2 EL Schnittlauch
Worcestersauce, Tabasco
1/2 TL grüne Pfefferkörner

Verpackung
1 Sturzglas

Den Camembert entrinden, würfeln und mit Sahne, Joghurt, Senf und fein geschnittenem Schnittlauch verrühren. Mit dem Stabmixer pürieren. Mit Worcestersauce und Tabasco abschmecken und den grünen Pfeffer unterziehen.

Chili-Dip

Zutaten für 1 Person

150 g Joghurt
2 EL Tomatenmark
je 1 TL Senf und Meerrettich
1/2 TL Sambal Oelek
1 EL Kräuter der Provence
1–2 TL mildes Currypulver
Salz, Pfeffer

Verpackung
1 Sturzglas

Joghurt, Tomatenmark, Senf, Meerrettich, Sambal Oelek, Kräuter und Curry im Sturzglas verrühren, abschmecken und verschließen.

Tipp

Gemüse zum Dippen putzen, waschen und gut abgetropft in eine Frischhaltebox packen. So bleibt es bis zum Verzehr knackig frisch.

Fenchel-Rohkost mit Ei

Zutaten für 1 Person

1 Ei
1 kleine Fenchelknolle (ca. 100-150 g)
1 TL weißer Balsamico-Essig
2 EL Olivenöl
Salz
20 g Speck
Pfeffer und 8 rosa Pfefferkörner

Verpackung
2 Frischhalteboxen

Zu Hause vorbereiten

Das Ei in kochendem Wasser in 10 Minuten hart kochen, mit kaltem Wasser abschrecken.

Fenchel waschen und in 1/2 cm dicke Scheiben schneiden. Essig mit Öl und 1 EL heißem Wasser verrühren, mit Salz abschmecken. Fenchelscheiben in eine dicht verschließbare Frischhaltebox füllen und das Dressing darübergeben.

Speck würfeln und mit dem Ei in eine kleine Frischhaltedose packen.

Im Büro zubereiten

Das Ei schälen und fein hacken. Fenchel aus dem Dressing nehmen und auf einen Teller legen. Gehacktes Ei und Speck darüber verteilen. Mit schwarzem und rosa Pfeffer bestreuen und mit Dressing beträufeln.

Variante

Für eine schnelle Variante etwas gemahlenen Koriander, Salz, Pfeffer und 3 EL Olivenöl in einem kleinen Schraubglas mischen. Im Büro den Fenchel in Scheiben schneiden und mit Gewürzöl und etwas Zitrone beträufeln.

Blumenkohl-Rohkost mit Sesam

Zutaten für 1 Person

1 EL Sesam
250 g Blumenkohl, Romanesco,
   Brokkoli (einzeln od. gemischt)
3 EL Joghurt
1 EL weißer Balsamico-Essig
Salz, Pfeffer
2 EL Sonnenblumenöl
etwas Honig
1 Apfel

Verpackung
1 kleines Schraubglas
1 Frischhaltebox

Zu Hause vorbereiten

Sesam in einer beschichteten Pfanne
ohne Fett rösten. Auf einem Teller abkühlen lassen und in ein Schraubglas
füllen. Blumenkohl, Romanesco und
Brokkoli putzen, in Röschen teilen und
in feine Scheiben schneiden.

Joghurt, Essig, Salz und Pfeffer in einer
Frischhaltebox verrühren. Sonnenblumenöl zugeben, mit Honig abschmecken. Blumenkohl, Romanesco und
Brokkoli dazugeben und vermischen.
Den Behälter gut verschließen. Apfel
waschen und einpacken.

Im Büro zubereiten

Den Apfel vierteln, entkernen und das
Fruchtfleisch würfeln. Das Gemüse auf
einen Teller geben, mit den Apfelwür-
feln mischen und den Sesam darüberstreuen.

Möhren-Salat

Zutaten für 1 Person

300 g junge Möhren
1 EL geröstete Cashewnüsse
4 getrocknete Aprikosen
1/2 TL mildes Currypulver
Salz, Pfeffer
1/2 TL Honig
1 Prise gemahlener Koriander
1/2 TL Zitronensaft
1 TL weißer Balsamico-Essig
2 EL Olivenöl

Verpackung
1 Frischhaltebeutel
1 Schraubglas
Alufolie

Zu Hause vorbereiten

Die Möhren waschen, schälen und in
einen Frischhaltebeutel packen. Die
Cashewnüsse in Alufolie wickeln und zu
den Möhren geben. Aprikosen würfeln.

Curry, Salz, Pfeffer, Honig, Koriander,
Zitronensaft, Balsamico und Olivenöl
im Schraubglas verrühren. Aprikosen
dazugeben und den Behälter verschließen.

Im Büro zubereiten

Möhren in feine Scheiben oder Streifen schneiden. Das Dressing und die
Cashewnüsse untermischen.

Tipp

Knollen- oder Bleichsellerie und ein
Apfel schmecken ebenfalls gut mit
Möhren. Dann die Möhrenmenge
halbieren und weiteres Gemüse
zugeben.

Rote-Bete-Salat

Zutaten für 1 Person

150 g vakuumierte Rote Bete oder
    Rote-Bete-Kugeln (aus dem Glas)
2 EL Orangensaft
1 TL Honig
Salz, Pfeffer
2 EL Olivenöl
1/2 kleine rote Zwiebel
6–8 grüne Pfefferkörner
1–2 EL Walnusskerne
1 Orange

Verpackung
2 Schraubgläser
2 Frischhaltebeutel

Zu Hause vorbereiten

Rote Bete trocken tupfen, in Scheiben
schneiden und in ein Schraubglas
geben. Orangensaft mit Honig, Salz,
Pfeffer und Olivenöl in einem Schraubglas verrühren. Zwiebeln in feine Ringe
schneiden und mit dem grünen Pfeffer
zur Marinade geben, Glas verschließen.

Walnüsse grob hacken und in in einen
kleinen Frischhaltebeutel packen. Die
Orange ebenso verpacken.

Im Büro zubereiten

Von der Orange oben und unten eine
dicke Scheibe abschneiden. Orange
mit einem scharfen Messer so schälen,
dass die weiße Haut mit entfernt wird.

Orange quer in Scheiben schneiden. Mit
den Rote-Bete-Scheiben auf einen Teller
geben, mit Marinade übergießen und
mit Walnüssen bestreuen.

Aus 1 mach 3

Kräuterjoghurt

BASISREZEPT

Zutaten für 1 Person

150 g Joghurt
30 g (Ziegen-) Frischkäse
Salz, Pfeffer

Verpackung
1 Sturzglas

Zu Hause vorbereiten

Joghurt mit Frischkäse in dem Sturzglas
pürieren oder cremig verrühren. Mit
Salz und Pfeffer würzen. Mit den Zutaten der jeweiligen Variante vermischen.

Im Büro zubereiten

Den Joghurt im Büro zu Crackern, Grissini oder Brot essen.

Orangen-Kräuterjoghurt

1 unbehandelte Orange
1 Stück (1 cm) frischer Ingwer
   oder 2 Msp. Ingwerpulver
1/2 TL gehackte Rosmarinnadeln
   (frisch oder getrocknet)
1 EL Sonnenblumenöl
1 TL Honig
1–2 TL Orangensaft
evtl. 1 EL Walnüsse

Orange heiß abwaschen, trocken tupfen und 1/2 TL Schale abreiben. Ingwer schälen und fein hacken.

Zutaten mit Öl, Honig und der vorbereiteten Joghurt-Mischung verrühren. Mit etwas Orangensaft abschmecken und das Glas verschließen.

Im Büro evtl. 1 EL gehackte Walnüsse unterziehen.

Kürbiskern-Joghurt

1–2 EL Kürbiskerne
1 EL Kürbiskernöl
evtl. 1 TL Honig

Kürbiskerne in einer beschichteten Pfanne ohne Fett rösten, auf einem Teller abkühlen lassen. Einige Kürbiskerne beiseitelegen und den Rest fein hacken.

Kürbiskerne und Öl mit der vorbereiteten Joghurt-Mischung verrühren, evtl. etwas Honig zugeben. Joghurt mit restlichen Kürbiskernen garnieren und das Glas verschließen.

Chili-Joghurt mit Oliven

4 schwarze, entkernte Oliven
1 Tomate
2 EL Petersilie oder Schnittlauch
   (frisch oder tiefgekühlt)
2 Prisen Chiliflocken

Oliven fein hacken. Tomate entkernen, das Fruchtfleisch würfeln. Petersilie oder Schnittlauch waschen, hacken und alles mit den Chiliflocken unter die vorbereitete Joghurt-Mischung rühren und das Glas verschließen.

Schinken-Frischkäse-Röllchen

Zutaten für 1 Person

50 g Blattsalat
2 Cocktailtomaten
1 EL Schnittlauch
100 g Frischkäse
1/2 TL grüne Pfefferkörner
Salz, Tabasco
Apfelessig oder Zitronensaft
2 Scheiben Parmaschinken

Verpackung
1 Frischhaltebeutel
1 Frischhaltebox

Zu Hause vorbereiten

Blattsalat und Tomaten waschen, trocken tupfen und in einen Frischhaltebeutel packen. Schnittlauch in Röllchen schneiden. Mit Frischkäse und grünem Pfeffer verrühren. Mit Salz, Tabasco und Apfelessig abschmecken.

Schinkenscheiben nebeneinander auslegen. Jeweils die Hälfte der Frischkäsemasse mit einem Teelöffel auf den Schinkenscheiben verteilen und beide aufrollen. In eine Frischhaltebox geben und verschließen.

Im Büro zubereiten

Blattsalat und Tomaten auf einem Teller anrichten und die Parmaschinkenröllchen daraufsetzen.

Schinkenröllchen mit Paprika

Zutaten für 1 Person

2 TL Oregano
4 Scheiben Putenschinken (ca. 80 g)
2 EL Frischkäse
1 TL Basilikum-Pesto
    oder frisches Basilikum
2 in Öl eingelegte Paprika
    oder Tomaten (40 g)
1 TL Tomatenmark
2 TL geriebener Parmesan
Pfeffer
8 Blätter Kopfsalat

Verpackung

1 Frischhaltebox
Frischhaltefolie

Zu Hause vorbereiten

2 ca. DIN-A 4-große Stücke Frischhaltefolie abschneiden und nebeneinander
auf der Arbeitsfläche auslegen. Den
Oregano in der Mitte in der Größe
der Schinkenscheiben aufstreuen. Je
1 Scheibe Schinken darauflegen. Mit je
1 EL Frischkäse bestreichen, Basilikum-
blätter oder Pesto darauf verteilen.

Paprika halbieren und auf die Schinkenscheiben legen. Je 1 weitere Schinken-
scheibe darauflegen, Tomatenmark

darauf verstreichen, mit Parmesan und
Pfeffer bestreuen.

Die belegten Schinkenscheiben
mit leichtem Druck aufrollen, in die
Frischhaltefolie wickeln und in die
Frischhaltebox legen. Salatblätter
waschen, trocken tupfen und ebenfalls
in die Frischhaltebox packen.

Im Büro zubereiten

Schinkenröllchen in 3–4 ca. 2 cm breite
Scheiben aufschneiden und mit dem
Salat anrichten. Ein Baguettebrötchen
oder Ciabatta passt am besten dazu.

Roastbeef mit Rucola

Zutaten für 1 Person

1 EL Joghurt
1 EL Crème fraîche
1 TL Meerrettich
Salz, Pfeffer
Zitronensaft
1/4 Zwiebel
6 Kirschtomaten
70 g Rucola
   (z. B. Bonduelle Frischer Rucola)
6 Scheiben Roastbeef (ca. 80 g)
5 kleine Kugeln Mozzarella

Verpackung
1 kleines Schraubglas
1 Frischhaltebeutel
1 kleine Plastikdose

Zu Hause vorbereiten

Joghurt, Crème fraîche, Meerrettich, Salz und Pfeffer verrühren und mit etwas Zitronensaft abschmecken. Die Zwiebel fein hacken, unterrühren und das Glas verschließen.

Tomaten und Rucola waschen, trocken tupfen und in einen Frischhaltebeutel geben. Roastbeefscheiben aufrollen und mit dem Mozzarella in eine kleine Plastikdose packen.

Im Büro zubereiten

Rucola, Roastbeef, Käse und Tomaten auf einen Teller geben und das Joghurtdressing darüberträufeln.

Aus 1 mach 3

Vinaigrette

BASISREZEPT

Zutaten für 8–10 Salatportionen

100 ml Weinessig
1/2 EL mittelscharfer Senf
1/2 TL Salz und Pfeffer
200–250 ml Sonnenblumenöl

Verpackung
1 Flasche (400 ml)

Zu Hause vorbereiten

In einer Schüssel Weinessig, Senf, Salz und Pfeffer gut verrühren und mit einem Trichter in die Flasche füllen. Öl zugießen, die Flasche verschließen und gut schütteln.

Tipp

Die Basis- Vinaigrette hält sich im Kühlschrank luftdicht verschlossen bis zu 10 Tagen.

Radieschen-Vinaigrette

- 70 g Eichblattsalat
- 4 Cocktailtomaten
- 50 g Gurke
- 2–3 Radieschen
- 1 TL Petersilie
  (frisch oder tiefgekühlt)
- 80 g Thunfisch
- 50 g Mais

Salat verlesen, waschen und trocken schleudern. Tomaten und Gurke waschen.

Radieschen putzen und in feine Würfel schneiden. Petersilie fein hacken. Mit 3 EL Basis-Vinaigrette in einem kleinen Schraubglas mischen.

Thunfisch abtropfen lassen, mit Mais mischen und verpacken.

Im Büro den Salat zubereiten und mit Vinaigrette beträufeln.

Basilikum-Vinaigrette

- 1/2 TL Honig
- 1 TL Basilikum-Pesto
- 1 TL geriebener Parmesan
- 1–2 große Tomaten
- 60 g Mozzarella

3 EL Basis-Vinaigrette in das Schraubglas füllen. Honig, Parmesan und Pesto zugeben. Tomaten waschen, Mozzarella abtropfen lassen und beides in eine Frischhaltebox packen.

Im Büro Tomate und Mozzarella in dünne Scheiben schneiden, auf einen Teller geben und mit dem Dressing beträufeln.

Walnuss-Dressing

- 100 g gemischte Blattsalate
  (z. B. Bonduelle Frischer
  Fino Verde Mix)
- 1 kleine Birne
- 1 EL gehackte Walnusskerne
- 75 g Ricotta

Salat verlesen, waschen und trocken schleudern. Birne waschen. 3 EL Basis-Vinaigrette in ein kleines Schraubglas füllen und mit den Walnüssen mischen. Ricotta in eine Plastikdose füllen.

Im Büro den Salat auf einem Teller anrichten. Birne halbieren, das Kerngehäuse entfernen, das Fruchtfleisch in Schnitze schneiden und auf dem Salat verteilen. Ricotta dazugeben und mit Dressing beträufeln.

Frischkäse-Pfirsich mit Blattsalat

Zutaten für 1 Person

1 Stück (1 cm) frischer Ingwer
  oder 2 Msp. Ingwerpulver
1 EL Zitronensaft
2 EL Sonnenblumenöl
1 TL Senf
1/2 TL Honig
Salz, Pfeffer
100 g gemischte Blattsalate
  (z. B. Bonduelle
  Frischer Country Mix)
100 g Mais
2 EL Frischkäse
1 Pfirsich
  (2 Aprikosen oder 1 Orange)
evtl. 1 EL Pinienkerne
  oder grober Pfeffer aus der Mühle

Verpackung
1 kleines Schraubglas
1 Frischhaltebox
1 kleine Plastikdose

Zu Hause vorbereiten

Ingwer fein hacken. Mit Zitronensaft, Öl, Senf, Honig, Salz und Pfeffer in das Schraubglas geben, verschließen und gut schütteln.

Blattsalate waschen und trocken schleudern. Mit dem Pfirsich und Mais in eine Frischhaltebox packen. Frischkäse in eine kleine Plastikdose packen.

Im Büro zubereiten

Den Pfirsich halbieren, Frischkäse daraufgeben. Salat und Mais mit den gefüllten Pfirsichhälften anrichten. Dressing gut schütteln und über den Salat träufeln. Mit Pinienkernen oder grobem Pfeffer bestreuen.

Variante

125 g Putengeschnetzeltes in 1 EL Sonnenblumenöl anbraten und statt Frischkäse zum Salat essen.

Aus 1 mach 3

Joghurt-Dressing

BASISREZEPT

Zutaten für 8–10 Portionen

250 g Magerjoghurt
(Buttermilch oder Kefir)
Salz, Pfeffer
1 EL Zitronensaft
1 EL Worcestersauce
2 EL Pflanzenöl
3 EL gemischte, getrocknete Kräuter

Verpackung

1 großes Schraubglas (500 ml)

Zu Hause vorbereiten

Joghurt in einer Schüssel mit Salz, Pfeffer, Zitronensaft und Worcestersauce glatt rühren. Öl und Kräuter unterrühren. Glas verschließen und im Kühlschrank aufbewahren.

Tipp

Das Dressing hält sich luftdicht verschlossen ca. 1 Woche im Kühlschrank. Zutaten wie Zwiebeln, Knoblauch, frische Kräuter und Eier erst kurz vor der Verwendung zugeben, da die Sauce sonst bitter wird oder zu gären beginnt.

Salat mit Hähnchenbrust

1 Ei
100 g Hähnchenbrustfilet
2 El Öl
Salz, Pfeffer
70 g Blattsalat
3–4 Radieschen
1 Tomate
30 g geriebener Gouda
1 EL Croûtons

Das Ei hart kochen. Hähnchenfilet in Streifen schneiden und in Öl 3–4 Minuten anbraten. Mit Salz und Pfeffer würzen.

3 EL Basis-Dressing abfüllen. Salat und Gemüse waschen. Alle Zutaten verpacken.

Im Büro Tomate, Radieschen und Ei in Scheiben schneiden. Mit Salz, Hähnchen und Dressing mischen, mit Käse und Croûtons bestreuen.

Griechischer Salat

1 Msp. Thymian
1 Msp. Oregano
1 Msp. Cayennepfeffer
70 g Blattsalat
2 eingelegte Peperoni
2 eingelegte Artischocken
4 grüne, entkernte Oliven
40 g Feta
6 geschälte Mandelkerne

3 EL Basis-Dressing mit Thymian, Oregano und Cayennepfeffer vermischen.

Salat waschen, trocken schleudern und in eine Plastikbeutel packen. Oliven, Peperoni und Artischocken in Streifen schneiden. Feta würfeln. Mit den Mandeln in eine Frischhaltebox packen.

Im Büro den Salat anrichten und mit dem Dressing beträufeln.

Paprika-Gurken-Salat

1/2 TL Senf
1 EL Petersilie
   (frisch oder tiefgekühlt)
1 gelbe Paprikaschote
200 g Gurke
2 Tomaten

6 EL Basis-Dressing in ein Schraubglas füllen. Mit Senf und gehackter Petersilie vermischen. Paprika und Tomaten waschen und würfeln. Gurke schälen und würfeln.

Das Gemüse mit dem Dressing vermischen und durchziehen lassen.

Salatherzen mit Roquefort-Dressing

Zutaten für 1 Person

50 g Roquefort
50 g saure Sahne
2 EL Sahne
1 EL Olivenöl
1 TL Zitronensaft
Salz, Pfeffer
5 schwarze, entkernte Oliven
1 Salatherz
   (z. B. Bonduelle
   Frische Kopfsalatherzen)

Verpackung
1 Frischhaltedose
1 Frischhaltebeutel

Zu Hause vorbereiten

Roquefort mit einer Gabel zerdrücken, saure Sahne, Sahne, Olivenöl und Zitronensaft zugeben und pürieren. Mit Salz und Pfeffer abschmecken. In eine Frischhaltedose füllen und kühl stellen.

Oliven in Ringe schneiden. Salatherzen waschen und mit den Olivenringen in einen Frischhaltebeutel packen.

Im Büro zubereiten

Dressing nochmals gut verrühren. Die Salatherzen auf einen Teller geben, mit Dressing beträufeln und mit Olivenringen garnieren.

Tipp

Um Zeit zu sparen, kann man auch fertig geputzten Salat aus dem Kühlregal verwenden.

Feigensalat mit Mozzarella

Zutaten für 1 Person

2 Feigen
60 g Feldsalat
2 Scheiben Parmaschinken
60 g Mozzarella
1 EL Balsamico-Essig
1 TL Senf
1 TL Honig
Pfeffer
2 EL Olivenöl

Verpackung
1 Frischhaltebox
1 kleines Schraubglas

Zu Hause vorbereiten

Die Feigen waschen. Feldsalat putzen, waschen und trocken schleudern. Mit Parmaschinken und Mozzarella in eine Frischhaltebox packen.

Balsamico-Essig, Senf, Honig, Pfeffer und Olivenöl in das Schraubglas geben, verschließen und gut schütteln.

Im Büro zubereiten

Feldsalat auf einen Teller geben. Feigen vierteln, Mozzarella und Schinken in Würfel schneiden und über dem Feldsalat verteilen. Das Dressing nochmals gut durchschütteln und den Salat damit beträufeln.

Tipp

Statt mit selbst gemachtem Dressing kann man den Salat auch mit einer fertigen Salatsauce anmachen, z. B. mit dem frischen Balsamico-Dressing von Bonduelle.

Aus 1 mach 3

Couscous-Salat

BASISREZEPT

Zutaten für 1 Person

175 ml Buttermilch
1 TL Gemüsebrühe (Instant)
1/2 TL mildes Currypulver
1 TL Ketchup
Chilipulver, Salz
60 g Instant-Couscous

Verpackung
1 Plastikbehälter

Zu Hause vorbereiten

Buttermilch mit Gemüsebrühe, Curry, Chilipulver und Ketchup verrühren. Evtl. mit Salz abschmecken.

Couscous unterrühren und mit den Zutaten einer der folgenden Varianten mischen. In eine Frischhaltebox füllen und mind. 30 Minuten (am besten über Nacht) quellen lassen.

Tipp

Sollte der Couscous mit der angegebenen Flüssigkeitsmenge zu fest geworden sein, etwas Wasser oder Buttermilch unterrühren.

Ananas-Schinken-Couscous

2 Scheiben Ananas
1 dicke Scheibe gekochter
  Schinken
1 Stange Bleichsellerie
1 EL gehobelte Mandeln

Ananas und Schinken würfeln. Bleich-sellerie putzen und quer in dünne Streifen schneiden. Mit dem vorberei-teten Couscous vermischen und in eine Frischhaltebox geben.

Mandeln in einer Pfanne ohne Fett rösten und über den Couscous streuen. Den Behälter verschließen und über Nacht in den Kühlschrank stellen.

Schafskäse-Nuss-Couscous

50 g Schafskäse
1–2 Frühlingszwiebeln
2 Peperoni
100 g Gurke
Cashewnüsse

Schafskäse zerbröseln. Frühlingszwie-beln und Peperoni in Ringe schneiden. Gurke schälen und würfeln. Mit dem vorbereiteten Couscous mischen und mit den Cashewnüssen in eine Frischhaltebox geben. Den Couscous über Nacht in den Kühlschrank stellen.

Thunfisch-Mais-Couscous

80 g Thunfisch (in Öl eingelegt)
100 g gemischtes Gemüse
  (Mais, Erbsen, Paprika)
2 Tomaten

Thunfisch abtropfen lassen und mit einer Gabel leicht zerpflücken. Mit dem abgetropften Gemüse unter die vorbereitete Couscous-Mischung rühren und in eine Frischhaltebox geben. Tomaten waschen und separat verpacken. Den Couscous über Nacht in den Kühlschrank stellen.

Im Büro die Tomaten achteln und zum Couscous geben.

Suppen
Eintöpfe
Gemüse&

Ob cremig-leicht oder deftig-kräftig – diese Suppen, Eintöpfe und Gemüsegerichte sind vollwertige Mahlzeiten. Einfach am Abend vorbereiten und in den Kühlschrank stellen: So muss das warme Essen nicht ausfallen, wenn mal keine Zeit zum Kochen bleibt. Nicht nur im Büro ein Genuss in schnellster Zeit!

- Fertig geputzt und geschnitten: Tiefgekühltes Gemüse spart Zeit bei Einkauf und Vorbereitung.

- Günstig und raffiniert variiert: Die letzte Scheibe vom Sonntags- braten, gekochte Gemüse- und Nudelreste als leckere Einlage.

- Richtig gewürzt und erwärmt: Damit das Aroma nicht zu intensiv wird, alle Gerichte erst nach dem Erwärmen abschmecken.

Gemüsesuppe Esterhazy

Zutaten für 1 Person

1/2 Möhre
1 Stück Knollensellerie (40 g)
1 Stück (10 cm) Lauch
1 TL Gemüsebrühe (Instant)
1 Prise Thymian
1 Prise Muskat
1 dicke Scheibe kalter Braten

Verpackung
1 Sturzglas
Alufolie

Zu Hause vorbereiten

Möhre und Sellerie schälen, waschen und in feine Streifen hobeln oder schneiden. Lauch putzen, der Länge nach halbieren und in feine Streifen schneiden. Gemüse in ein Sturzglas füllen. Brühpulver, Thymian und Muskat darüberstreuen, 3 EL Wasser zugeben. Verrühren und das Glas verschließen. Braten in Alufolie wickeln.

Im Büro zubereiten

250 ml Wasser (1 große Tasse) im Wasserkocher erhitzen. Glas mit Gemüse öffnen und 1 Minute in der Mikrowelle bei 600 Watt erhitzen. Wer sein Gemüse lieber knackig mag, erhitzt es gar nicht und übergießt es nur mit heißem Wasser.

Braten würfeln, zum heißen Gemüse geben und das kochende Wasser zugießen. Umrühren und 2 Minuten ziehen lassen.

Ingwer-Gemüsesuppe

Zutaten für 1 Person

1/2 Möhre
1 Stück Knollensellerie (40 g)
1 Stück (10 cm) Lauch
   oder Bonduelle Frischer Esterhazy
1 Stück (1 cm) frischer Ingwer
   oder 1 Msp. Ingwerpulver
1 TL Gemüsebrühe (Instant)
1 gestr. TL Currypulver
1 TL Limettensaft
1/2 mürber Apfel
   (Boskop oder Cox Orange)
1 TL Kürbiskerne

Verpackung

1 Sturzglas
1 Frischhaltebeutel

Zu Hause vorbereiten

Möhre und Sellerie schälen, waschen und in feine Streifen hobeln oder schneiden. Lauch putzen, der Länge nach halbieren und quer in feine Streifen schneiden. Ingwer reiben. Gemüse in ein Sturzglas füllen, Brühe, Curry, Limettensaft und 3 EL Wasser dazugeben. Gut verrühren und verschließen. Apfel waschen und mit den Kürbiskernen in einen Frischhaltebeutel packen.

Im Büro zubereiten

250 ml Wasser (1 große Tasse) im Wasserkocher erhitzen. In das Sturzglas geben und 2 Minuten in der Mikrowelle bei 600 Watt erhitzen. Währenddessen den Apfel vierteln, entkernen und in kleine Würfel schneiden. Zu dem heißen Gemüse geben und mit Kürbiskernen bestreuen.

Tipp

Da für diese Gerichte nur wenig Gemüse benötigt wird, bietet es sich an, fertig vorbereitetes Suppengemüse in kleinen Mengen einzukaufen. So spart man Zeit und behält keine Reste zurück.

Eierstich in klarer Brühe

Zutaten für 1 Person

1 TL Sonnenblumenöl
1 Ei
2 EL Milch
1 EL fein geriebener Emmentaler
Salz, Muskat
1/2 Gemüsebrühwürfel oder
   250 ml Gemüsefond

Verpackung

1 Sturzglas (400 ml)

Zu Hause vorbereiten

Das Sturzglas mit Öl auspinseln. Ei in das Glas aufschlagen, Milch, Emmentaler, Salz und Muskat zugeben. Verschließen und gut schütteln. Den Brühwürfel einpacken.

Im Büro zubereiten

Das Glas öffnen und die Eimischung bei 600 Watt 2 Minuten garen, Eierstich auf einen Unterteller stürzen und 2 Minuten ruhen lassen.

Währenddessen 250 ml Wasser im Wasserkocher erhitzen, in eine Tasse geben und 1/2 Brühwürfel darin auflösen. Eierstich in Würfel schneiden und dazugeben.

Tipp

100 g fertig vorbereitetes Suppengemüse zugeben. Das macht die Suppe kräftiger.

Kokos-Champignon-Suppe

Zutaten für 1 Person

1 EL gehackte Zwiebel
1/2 TL Currypaste
   oder scharfes Currypulver
1–2 TL Hühnerbrühe (Instant)
1 TL Zitronensaft
je 1 EL Sojasauce und Öl
80 ml Kokosmilch
Salz, Pfeffer
1–2 dicke Scheiben
   Putenbraten (ca. 80 g)
80 g TK-Erbsen
3–4 Champignons

Verpackung

1 Sturzglas
1 Frischhaltebeutel
1 Papiertüte

Zu Hause vorbereiten ⑧

Zwiebel, Currypaste, Brühe, Zitronensaft, Sojasauce und Öl in einem Sturzglas verrühren. Kokosmilch zugeben, mit Salz und Pfeffer abschmecken und verschließen.

Braten würfeln und in einen Frischhaltebeutel packen. Ebenso die Erbsen verpacken. Champignons putzen und in eine Papiertüte packen.

Im Büro zubereiten

Suppe in einen tiefen Teller gießen und 2 Minuten bei 600 Watt erhitzen. Pilze in Scheiben schneiden, mit den Putenwürfeln und Erbsen zur Suppe geben. Weitere 2 Minuten bei 600 Watt erhitzen.

1 kleine Tasse Wasser (ca. 100–125 ml) im Wasserkocher erhitzen und unter die heiße Kokos-Champignon-Suppe rühren.

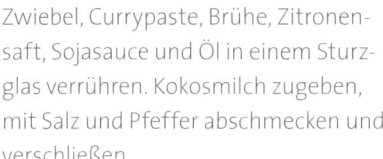

Tomaten-Mozzarella-Suppe

Zutaten für 1 Person

1 Frühlingszwiebel
1 Tomate
250 ml passierte Tomaten
1 TL Tomatenmark
1 TL Olivenöl
1 EL gefriergetrocknetes
   Suppengemüse
1 TL Pesto
1 EL saure Sahne
Salz, Pfeffer
40 g Mozzarella

Verpackung
1 Sturzglas

Zu Hause vorbereiten

Frühlingszwiebel putzen und in feine
Ringe schneiden. Tomate waschen, entkernen und würfeln. Mit den passierten
Tomaten, Tomatenmark und Olivenöl
in das Sturzglas geben. Suppengemüse,
Pesto und saure Sahne unterrühren, mit
Salz und Pfeffer würzen. Mozzarella in
kleine Würfel schneiden, zu der Suppe
geben und das Glas verschließen.

Im Büro zubereiten

Die Suppe in eine Schale geben. Abgedeckt in der Mikrowelle bei 600 Watt
4–5 Minuten erhitzen.

Variante

Man kann die Suppe statt mit Mozzarella
auch mit 1 EL grob gehackten Erdnüssen,
100 g gewürfelter Zucchini und 1/2 TL
geriebenem Ingwer verfeinern.

Zucchinirahm-Suppe

Zutaten für 1 Person

1 Zucchini (200 g)
1 TL Olivenöl
1/4 Zwiebel
2 TL Tomatenmark
2 TL Senf
1 TL Sojasauce
4 EL Sahne
Salz, Pfeffer
40 g Feta
1–2 EL Croûtons

Verpackung
1 Sturzglas
2 Frischhalteboxen

Zu Hause vorbereiten

Zucchini schälen und hobeln. 2 EL davon beiseitestellen. Den Rest mit Olivenöl in das Sturzglas füllen. Zwiebel fein hacken und mit Tomatenmark, Senf, Sojasauce und Sahne unter die Zucchini rühren.

Mit dem Mixstab pürieren, mit Salz und Pfeffer abschmecken. Zucchiniraspel zugeben und das Glas verschließen. Feta würfeln, und in eine kleine Frischhaltebox packen. Ebenso die Croûtons.

Im Büro zubereiten

Das Glas öffnen und das Püree darin 2–3 Minuten bei 600 Watt erhitzen. 200–250 ml Wasser im Wasserkocher erhitzen, zum Püree gießen und gut verrühren. Fetawürfel zugeben und die Suppe mit den Croûtons bestreuen.

Zucchini-Reis-Eintopf

Zutaten für 1 Person

100 g Instant-Reis
1 kleine Dose Kokosmilch (165 ml)
1–2 TL scharfes Currypulver
1 EL gefriergetrocknetes
    Suppengemüse
1 EL Tomatenmark
1 EL Sonnenblumenöl
2 Prisen Salz
1/4 Zwiebel
1 Zucchini (200 g)
2 Tomaten

Verpackung

1 Schraubglas
1 Frischhaltebeutel

Zu Hause vorbereiten

Reis mit Kokosmilch, Curry, Suppengemüse, Tomatenmark, Öl und Salz in
einem Schraubglas mischen. Zwiebel
hacken, zugeben und den Behälter
verschließen.

Zucchini und Tomaten waschen und in
einen Frischhaltebeutel packen.

Im Büro zubereiten

Reis in der Mikrowelle abgedeckt 2 Minuten bei 600 Watt erhitzen. Zucchini
in ca. 1 cm große Würfel schneiden,
Tomaten achteln. Unter den Reis rühren
und weitere 2 Minuten bei 600 Watt
erhitzen.

Tipp

Damit der Reis-Eintopf gelingt, muss
auf jeden Fall vorbehandelter Instant-
Reis verwendet werden. Normaler
Reis hat eine viel längere Garzeit.

Chili-Bohnen

Zutaten für 1 Person

1/2 kleine Zwiebel
200 g Tomatenwürfel
  (aus der Dose)
2 EL Tomatenmark
1 gestr. TL Gemüsebrühe (Instant)
1/2–1 TL Sambal Oelek
2 Prisen gemahlener Kreuzkümmel
Salz, Pfeffer
50 g Cabanossi
1 Dose rote Kidney-Bohnen (250 g)

Verpackung
1 Schraubglas

Zu Hause vorbereiten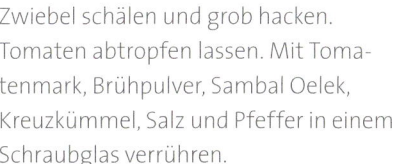

Zwiebel schälen und grob hacken.
Tomaten abtropfen lassen. Mit Toma-
tenmark, Brühpulver, Sambal Oelek,
Kreuzkümmel, Salz und Pfeffer in einem
Schraubglas verrühren.

Cabanossi würfeln, Bohnen abtropfen
lassen. Mit der Tomatensauce verrühren und das Glas verschließen.

Im Büro zubereiten

Bohneneintopf auf einen Teller geben
und abgedeckt in der Mikrowelle bei
600 Watt ca. 3–4 Minuten erhitzen.

Tipp

Wer einen empfindlichen Magen
hat, kann die Zwiebeln vorab in
etwas Butter andünsten.

Roter Linseneintopf

Zutaten für 1 Person

1/4 Zwiebel
50 g rote Linsen
40 g Instant-Bulgur
50 g Mais
1–2 TL Tomatenmark
2 EL scharfe Paprikapaste (z. B. Ajvar)
    oder 1/4–1/2 TL Sambal Oelek
Salz, Pfeffer
1/2 TL getrocknete Pfefferminze
40 g Cabanossi
evtl. 1 EL Öl

Verpackung

1 Frischhaltebox

Zu Hause vorbereiten

Die Zwiebel würfeln, mit Linsen, Bulgur, und Mais in die Frischhaltebox füllen. Tomatenmark, Paprikapaste, Salz, Pfeffer und Minze unterrühren und mit 250 ml Wasser aufgießen. Behälter verschließen und mindestens 3–4 Stunden quellen lassen. Cabanossi einpacken.

Im Büro zubereiten

Linseneintopf in einen Teller geben und 3–4 Minuten abgedeckt bei 600 Watt erhitzen. Währenddessen Cabanossi in dünne Scheiben schneiden. Unter den Linseneintopf rühren und weitere 2 Minuten bei 600 Watt erhitzen. 2 Minuten ruhen lassen, umrühren und evtl. etwas Öl unterziehen.

Tipp

1/2 fein gewürfelte Paprika oder Zucchini machen das Gericht noch schmackhafter.

Curry-Linsen

Zutaten für 1 Person

1/4 Zwiebel
1 Wiener Würstchen
1 Dose Linsen (250 g)
2 EL saure Sahne
1 gestr. TL mildes Currypulver
1 TL Essig
Salz, Pfeffer

Verpackung
1 Frischhaltebox

Zu Hause vorbereiten

Die Zwiebel hacken, das Saitenwürst-
chen in Scheiben schneiden. Linsen
abtropfen lassen. In den Behälter füllen.
Saure Sahne, Curry, Essig, Salz und
Pfeffer unterrühren und den Behälter
verschließen.

Im Büro zubereiten ③ ≈

Linsen auf einen Teller geben und in der
Mikrowelle abgedeckt 3 Minuten bei
600 Watt erhitzen.

Variante

Für die vegetarische Variante statt
Würstchen 1/2 säuerlichen Apfel (Cox
Orange, Rubinette) würfeln und unter
die Linsen mischen.

Kichererbsen mit Blattspinat ⑮ ≋

Zutaten für 1 Person

1/4 Zwiebel
1 TL Olivenöl
150 g Kichererbsen (aus der Dose)
250 g TK-Blattspinat
2 Tomaten oder
    200 g Tomatenwürfel (aus der Dose)
1/2 TL Tomatenmark
1–2 EL saure Sahne
je 1/2 TL gemahlener Kreuzkümmel
    und Koriander

Verpackung

1 Sturzglas
1 Frischhaltedose

Zu Hause die Zwiebel fein würfeln, in Olivenöl andünsten und in das Sturzglas geben. Kichererbsen abspülen, Häutchen entfernen. Tomaten grob würfeln. Mit Blattspinat und Tomatenmark zu den Zwiebeln geben. Das Glas verschließen.

Saure Sahne mit den Gewürzen in einer Plastikdose verrühren und verschließen.

Im Büro das Glas öffnen und die Kichererbsen bei 600 Watt 4 Minuten erhitzen. Die saure Sahne unterrühren.

Kichererbsen mit Ingwer ⑮ ≋

Zutaten für 1 Person

1 Stück (0,5 cm) frischer Ingwer
160 ml Kokosmilch
1 EL Curry
Zitronensaft
Salz, Pfeffer
1/4 Zwiebel
1 TL Olivenöl
150 g Kichererbsen (aus der Dose)
250 g TK-Blattspinat
1 EL Rosinen

Verpackung

1 Frischhaltedose
1 Sturzglas

Zu Hause den Ingwer schälen und fein hacken. Mit 2 EL Kokosmilch, Curry, Zitronensaft, Salz und Pfeffer in einer Plastikdose verrühren und verschließen.

Zu Hause die Zwiebel fein würfeln, in Olivenöl andünsten und in das Sturzglas geben. Kichererbsen abspülen,

Häutchen entfernen. Mit Spinat, restlicher Kokosmilch und Rosinen zu den Zwiebeln geben und das Glas verschließen.

Im Büro die Kichererbsen im offenen Glas bei 600 Watt 4 Minuten erhitzen. Die gewürzte Kokosmilch unterrühren.

Spinat mit Schafskäse

Zutaten für 1 Person

250 g TK-Blattspinat
50 g Schafskäse
1/2 Zwiebel
10 g Butter
3 EL Milch
2 EL Sahne
1 gestr. TL Gemüsebrühe (Instant)
Muskat, Salz, Pfeffer
1 EL Pinienkerne

Verpackung
1 Frischhaltebox
1 Sturzglas
1 Plastikbeutel

Zu Hause vorbereiten

Den Blattspinat in eine Frischhaltebox geben und gut verschließen.

Schafskäse würfeln, Zwiebel fein hacken. Mit Butter, Milch, Sahne, Brühpulver und Gewürzen in einem Sturzglas verrühren und verschließen. Pinienkerne in einen Plastikbeutel packen.

Im Büro zubereiten

Flüssigkeit vom Spinat abgießen. Spinat mit Zwiebelsahne vermischen und 2–3 Minuten bei 600 Watt in der Mikrowelle erhitzen. Mit den Pinienkernen bestreuen.

Tipp

Mit 150 g Nudeln aus dem Kühlregal mischen und abgedeckt 4–7 Minuten erhitzen.

Feta-Zucchini

Zutaten für 1 Person

1–2 pikante Peperoni
1/2 Knoblauchzehe
200 ml pürierte Tomaten
1 TL Kräuter der Provence
Salz, Pfeffer
1 Zucchini (150 g)
75 g Feta

Verpackung
1 Sturzglas (350 ml)
2 Frischhalteboxen

Zu Hause vorbereiten

Peperoni in Ringe schneiden. Knoblauchzehe schälen und fein hacken. Mit den Tomaten in das Sturzglas geben. Gewürze unterrühren und das Glas verschließen.

Zucchini putzen und der Länge nach in ca. 1/2 cm dicke Scheiben schneiden. Feta würfeln. Beides in eine kleine Frischhaltebox packen.

Im Büro zubereiten

Zucchini in einen tiefen Teller schichten, Tomatensauce darübergießen und mit Feta bestreuen. In der Mikrowelle bei 600 Watt abgedeckt 5 Minuten erhitzen.

Tipp

Den Knoblauch nur schälen, in der Sauce ziehen lassen und vor dem Essen entfernen. So schmeckt die Sauce und die Kollegen bleiben ungestört.

Romanesco-Gratin ⌖15 ≋

Zutaten für 1 Person

250 g Romanesco
2 Eier
75 g Quark
1 EL Olivenöl
2 EL Sahne
2 EL gemahlene Mandeln
2 EL geriebener Emmentaler
1 EL gehackte Petersilie
  (frisch oder tiefgekühlt)
Muskat, Salz, Pfeffer

Verpackung

1 Plastikbeutel
1 Sturzglas

Zu Hause den Romanesco in Röschen schneiden, waschen und trocken in einen Plastikbeutel packen.

Eier in das Sturzglas aufschlagen. Mit Quark, Olivenöl, Sahne, Mandeln, Emmentaler und Petersilie verrühren. Mit Muskat, Salz und Pfeffer abschmecken. Glas verschließen und gut schütteln.

Im Büro den Romanesco in einen tiefen Teller füllen. Mit der Eiersahne übergießen. In der Mikrowelle abgedeckt bei 600 Watt 6 Minuten garen.

Blumenkohl-Auflauf ⌖13 ≋

Zutaten für 1 Person

250 g Blumenkohl
  (frisch oder tiefgekühlt)
1–2 Scheiben gekochter Schinken
2 EL geriebener Gouda
1 Ei
2 EL Schmand
Muskat, Salz, Pfeffer

Verpackung

1 Plastikbeutel
1 Schraubglas
1 Sturzglas

Zu Hause den Blumenkohl in Röschen schneiden und waschen bzw. aus dem TK-Fach nehmen und in einen Plastikbeutel packen. Schinken würfeln und mit dem Käse in ein Schraubglas packen.

Ei in das Sturzglas aufschlagen, mit Schmand verrühren und würzen. Glas verschließen und gut schütteln.

Im Büro den Blumenkohl in einen tiefen Teller geben, mit Käse und Schinken bestreuen und den Eierschmand darübergießen. Abdecken und in der Mikrowelle bei 600 Watt 6–8 Minuten erhitzen. 2 Minuten ziehen lassen.

Kohlrabi mit Kräuterrahm

Zutaten für 1 Person

1 Kohlrabi (150 g)
150 g Nudeln (aus dem Kühlregal)
80 g Kräuterfrischkäse
1/2 TL Gemüsebrühe (Instant)
1/2 TL Zitronensaft
Salz, Pfeffer

Verpackung
1 Frischhaltebox
1 Schraubglas

Zu Hause vorbereiten ⑤

Kohlrabi schälen, waschen und mit den Nudeln in eine Frischhaltebox packen.

Frischkäse mit Gemüsebrühe und Zitronensaft in einem kleinen Schraubglas verrühren und verschließen.

Im Büro zubereiten ⑧

Nudeln mit 4 EL Wasser in einen tiefen Teller geben. Kohlrabi in dünne Stifte schneiden und zu den Nudeln geben. Zitronen-Frischkäse darüber verteilen. Bei 600 Watt abgedeckt 4–5 Minuten erhitzen. Mit Salz und Pfeffer würzen.

Gefüllte Champignons

Zutaten für 1 Person

6 große Champignons
1 EL Croûtons
1 kleine Tomate
30 g Gorgonzola
2 EL Sahne
2–3 Spritzer Zitronensaft
Salz, Pfeffer
1 TL Öl

Verpackung
1 Papiertüte
2 Frischhaltedosen

Zu Hause vorbereiten

Die Champignons mit Küchenkrepp sauber abreiben und in die Papiertüte packen. Croûtons in eine Frischhaltedose packen.

Tomate waschen, entkernen und fein würfeln. Mit Gorgonzola und Sahne in einer Frischhaltedose vermischen und mit Zitronensaft, Salz und Pfeffer würzen.

Im Büro zubereiten

Champignon-Stiele herausdrehen und würfeln. Einen Teller mit Öl bestreichen, Pilzhüte mit der Öffnung nach oben auf den Teller setzen. Champignonwürfel mit den Croûtons unter die Käse-Sahne heben und in die Pilzhüte füllen. Bei 600 Watt 5 Minuten offen garen.

Tipp

Etwas milder schmeckt es, wenn man statt Gorgonzola Frischkäse oder Cambozola verwendet.

Reis
Nudeln
Grieß
&

Sie machen schnell satt und halten lange vor: Nudeln und Reis sind einfach zuzubereiten und unbegrenzt abwandelbar. Dabei kann man getrost auf Fertigprodukte zurückgreifen oder Reste verwerten. Und mit der richtigen Sauce bleibt das Mittagessen im Büro keine trockene Angelegenheit.

- Aus dem Kühlregal: Vorgegarte Nudeln, portionsweise verpackt, sind in der Mikrowelle in 2 Minuten fertig zubereitet.

- Aus der Asia-Ecke: Glas- oder Mie-Nudeln im Büro einfach mit kochendem Wasser übergießen und kurz ziehen lassen.

- Aus der Packung: Instant-Reis mit kalter Flüssigkeit aufgießen, über Nacht quellen lassen und im Büro 2–4 Minuten erhitzen.

Nasi Goreng

Zutaten für 1 Person

75 g Instant-Reis
1 Prise Salz
1 TL mildes Currypulver
2 EL Öl
2 EL Sojasauce
Pfeffer
125 g Hähnchenbrustfilet
   oder Seelachs
50 g Lauch
100 g TK-Erbsen
50 g Sojasprossen
   (frisch oder aus dem Glas)

Verpackung

2 Sturzgläser

Zu Hause vorbereiten

Reis mit 150 ml Wasser, Salz und Curry in ein Sturzglas füllen, verrühren und gut verschließen. Der Reis muss mind. 2 Stunden quellen.

Öl, Sojasauce und Pfeffer im zweiten Glas verrühren. Hähnchenbrustfilet in feine Streifen schneiden und mit der Marinade mischen. Lauch putzen und in feine Streifen schneiden. Mit Erbsen und Sojasprossen in das Glas geben und verschließen.

Im Büro zubereiten

Reis auf einen Teller geben, mit dem marinierten Gemüse-Fleisch mischen und in der Mikrowelle bei 600 Watt 3–4 Minuten erhitzen.

Tipp

Statt im Glas kann man das Nasi Goreng auch in einer japanischen Bento-Box mit ins Büro nehmen.

Kräuterbutter-Gemüse-Reis

Zutaten für 1 Person

100 g Instant-Reis
Salz
2 Spritzer Zitronensaft
150 g TK-Mischgemüse
1–2 EL Schmand
1 gestr. TL Currypulver
Pfeffer
25 g Kräuterbutter

Verpackung
1 Sturzglas
2 Frischhalteboxen

Zu Hause vorbereiten

Den Reis in ein Sturzglas füllen und mit 180 ml Wasser aufgießen. 1 Prise Salz und Zitronensaft zugeben, das Glas verschließen. Der Reis muss mind. 2 Stunden quellen. Mischgemüse in eine Frischhaltebox füllen.

Schmand, Curry, Salz und Pfeffer in einer Frischhaltebox verrühren. Kräuterbutter in kleinen Stücken unterrühren.

Im Büro zubereiten

Den Reis im offenen Glas 2 Minuten in der Mikrowelle bei 600 Watt erhitzen. Evtl. überschüssiges Wasser abgießen. Tauwasser vom Gemüse abgießen. Gemüse und Kräutercreme unter den Reis mischen und weitere 2 Minuten bei 400 Watt erhitzen.

Variante

Zur Abwechslung statt einer Gemüse-mischung TK-Erbsen verwenden und den Reis mit 1 EL geriebenem Parmesan würzen. Etwas Minze oder Thymian schmecken dazu besonders gut.

Kokos-Rote-Bete-Reis

Zutaten für 1 Person

80 g Instant-Reis
1 EL Kokosraspel
1/4 TL Kurkuma
1/4 TL gemahlener Koriander
1 Prise Piment
1/4 TL gemahlener Ingwer
    oder 1 gestr. TL Currypulver
2 Msp. Zimt
2 Prisen Salz
1/4 Zwiebel
150 g vakuumierte Rote Bete oder
    Rote-Bete-Kugeln (aus dem Glas)
1–2 EL Sonnenblumenöl

Verpackung
1 Sturzglas
1 Schraubglas

Zu Hause vorbereiten

Den Reis in ein Sturzglas füllen, mit
Kokos, Gewürzen und Salz mischen.
Mit 150 ml Wasser aufgießen und das
Glas verschließen. Der Reis muss mind.
2 Stunden quellen.

Zwiebel schälen und fein würfeln. Rote
Bete trocken tupfen und in Streifen
schneiden. Mit Öl im Schraubglas vermischen und verschließen.

Im Büro zubereiten

Den Reis abgedeckt 2 Minuten in der
Mikrowelle bei 600 Watt erhitzen.
Evtl. überschüssiges Wasser abgießen.

Reis auf einem Teller mit den Rote Bete
mischen und nochmal 2–3 Minuten bei
400 Watt erhitzen.

Parmesan-Lauch-Risotto

Zutaten für 1 Person

1/4 Zwiebel
80 g Instant-Reis
2 EL Sahne
1/2 TL Hühnerbrühe (Instant)
1 unbehandelte Zitrone
2 Prisen getrockneter Rosmarin
Muskat, Salz, Pfeffer
2 EL geriebener Parmesan
1/2–1 Stange Lauch (150 g)
1 EL Öl

Verpackung

1 Sturzglas
1 Plastikdose
Frischhaltefolie

Zu Hause vorbereiten

Zwiebel fein würfeln und mit dem Reis im Glas vermischen. 125 ml Wasser, Sahne und Hühnerbrühe unterrühren. Zitrone heiß abwaschen und 1 TL Zitronenschale abreiben. Mit Rosmarin, Muskat, Salz und Pfeffer zum Reis geben. Das Glas verschließen.

Parmesan in eine Plastikdose packen. Lauch putzen und in Frischhaltefolie wickeln.

Im Büro zubereiten

Lauch in feine Ringe schneiden, in einem tiefen Teller mit Reis und Öl mischen. 3–4 Minuten abgedeckt bei 600 Watt erhitzen. Parmesan darüberstreuen.

Orientalischer Möhren-Reis

Zutaten für 1 Person

80 g Instant-Reis
1 kleine Dose Kokosmilch (165 ml)
1/2 TL frischer Ingwer oder
   2 Msp. Ingwerpulver
1 TL Currypulver
1 EL Rosinen
1 EL Sonnenblumenöl
Salz
100 g Lauch
1 Möhre
1/2 Apfel

Verpackung
1 Sturzglas
1 Frischhaltebeutel

Zu Hause vorbereiten

Reis und Kokosmilch in das Glas füllen.
Ingwer schälen, würfeln und dazugeben. Curry, Rosinen, Sonnenblumenöl
und Salz unterrühren. Das Glas verschließen und den Reis mind. 2 Stunden
quellen lassen.

Lauch putzen. Möhre waschen und
schälen. Apfel waschen. Zusammen in
einen Frischhaltebeutel packen.

Im Büro zubereiten

Möhre in feine Streifen schneiden und
mit 2 EL Wasser unter den Reis rühren.
In der Mikrowelle für 3 Minuten bei
600 Watt erhitzen.

Lauch in Ringe schneiden. Apfel halbieren,
entkernen und in feine Schnitze schneiden. Mit dem Reis mischen und weitere
2 Minuten bei 600 Watt erhitzen.

Cannelloni mit Thunfisch ⊚ ≋

Zutaten für 1 Person

150 ml passierte Tomaten
1 EL Olivenöl
evtl. 1/2 Knoblauchzehe
2 gestr. TL Majoran
80 g Thunfisch in Öl oder Tofu
2 EL Sahne
100 g TK-Erbsen
2 EL geriebener Gouda
2 Spritzer Zitronensaft
Salz, Pfeffer
4–5 Cannelloni-Röhren
1 EL Parmesan

Verpackung

1 Sturzglas (400 ml; mind. 11 cm hoch)
1 Spritzbeutel

Tomaten mit Öl, gehacktem Knoblauch und Majoran verrühren. Thunfisch abtropfen und mit Sahne, Erbsen, Gouda, Zitronensaft, Salz und Pfeffer in einer Schüssel mischen. Masse in einen Spritzbeutel geben. Cannelloni senkrecht in das Glas stellen und füllen. Tomatensauce darübergießen. Das

Glas verschließen und die Nudeln mind. 4 Stunden quellen lassen.

Glas im Büro öffnen und auf einen Unterteller stellen. Bei 600 Watt 4 Minuten erhitzen. Cannelloni auf einen Teller geben und mit Parmesan bestreuen.

Cannelloni mit Blattspinat ⊚ ≋

Zutaten für 1 Person

150 g TK-Blattspinat
80 g Mascarpone
1 TL Olivenöl
1 Ei
2 EL geriebener Emmentaler
Muskat, Salz, Pfeffer
4–5 Cannelloni-Röhren
150 ml passierte Tomaten
2 EL Sahne
1–2 EL geriebener Parmesan

Verpackung

1 Sturzglas (400 ml; mind. 11 cm hoch)
1 Spritzbeutel

Spinat auftauen und hacken. Mit Mascarpone, Öl, Ei und Käse glatt rühren und würzen. Spinat-Masse in einen Spritzbeutel geben. Cannelloni senkrecht in das Glas stellen und füllen. Tomaten mit Sahne, Salz und Pfeffer verrühren. Über die Cannelloni gießen und die Nudeln mind. 4 Stunden quellen lassen.

Glas im Büro öffnen und auf einen Unterteller stellen. Bei 600 Watt 4 Minuten erhitzen. Cannelloni auf einen Teller geben und mit Parmesan bestreuen.

Tipp

Das Glas sollte mind. 11 cm hoch sein, damit die Nudeln komplett mit Sauce bedeckt sind.

Süßsaure Glasnudeln

Zutaten für 1 Person

150 g Shrimps
   oder Putenbrustfilet
1 TL Tomatenmark
1 TL Essig
1/2 TL Honig
2 EL Sojasauce
1/2 TL Currypulver
Salz, Pfeffer
100 g Zuckerschoten
2 Scheiben Ananas
100 g Bambussprossen
100 g Glasnudeln

Verpackung
1 Frischhaltebox

Zu Hause vorbereiten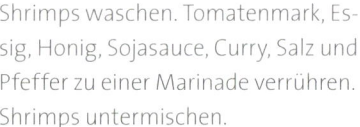

Shrimps waschen. Tomatenmark, Essig, Honig, Sojasauce, Curry, Salz und Pfeffer zu einer Marinade verrühren. Shrimps untermischen.

Zuckerschoten waschen, schräg in 2 cm breite Streifen schneiden. Ananas in Stücke schneiden. Mit den Sprossen zu den Shrimps geben, Behälter verschließen und kühl stellen.

Im Büro zubereiten

500 ml Wasser im Wasserkocher erhitzen und die Glasnudeln damit übergießen. Nach Packungsangabe (ca. 3 Minuten) ziehen lassen. Wasser abgießen.

Währenddessen die marinierten Shrimps in der Mikrowelle 2–3 Minuten bei 600 Watt abgedeckt erhitzen. Mit den Glasnudeln vermischen.

Scharfe Glasnudeln

Zutaten für 1 Person

150 g Putenbrustfilet
2 EL Sojasauce
1 TL Zitronensaft
1/2 TL Currypulver
1 Msp. Sambal Oelek
1 EL Sonnenblumenöl
Salz, Pfeffer
1/2 Zucchini
1/2 rote Paprikaschote
50 g Sojasprossen (z. B. Bonduelle
    Frische Sprossen der Saison)
100 g Glasnudeln

Verpackung
1 Frischhaltebox

Zu Hause vorbereiten

Putenfilet in mundgerechte Stücke
schneiden. Sojasauce, 5 EL Wasser,
Zitronensaft, Curry, Sambal Oelek,
Sonnenblumenöl, Salz und Pfeffer in
der Plastikbox verrühren. Putenstreifen
untermischen.

Zucchini und Paprika in feine Streifen
schneiden. Sojasprossen waschen. Mit
Fleisch und Marinade mischen. Behälter
verschließen und kühl stellen.

Im Büro zubereiten

500 ml Wasser im Wasserkocher
erhitzen und die Glasnudeln damit
übergießen. Nach Packungsangabe
(ca. 3 Minuten) ziehen lassen. Wasser
abgießen.

Währenddessen das marinierte Puten-
fleisch in der Mikrowelle 2–3 Minuten
bei 600 Watt abgedeckt erhitzen. Mit
den Glasnudeln vermischen.

Aus 1 mach 3

Polenta-Schnitten

BASISREZEPT

Zutaten für 1 Person

1 TL Gemüsebrühe (Instant)
40 g Polenta (Maisgrieß)
10 g Butter
1 EL geriebener Parmesan
Muskat, Salz, Pfeffer
1 TL Öl

Verpackung
1 Sturzglas (400 ml; mind 11 cm hoch)

Zu Hause vorbereiten

160 ml Wasser mit Brühe aufkochen.
Polenta einrühren und 1–3 Minuten
köcheln lassen. Butter, Käse und
Gewürze einrühren. Ein ca. 11 cm hohes
Sturzglas mit Öl auspinseln, Polenta
einfüllen und abkühlen lassen.

Im Büro zubereiten

Polenta in Scheiben schneiden und mit
den Zutaten belegen.

Tipp

Polenta-Schnitten vor dem Belegen
1 Minute in der Mikrowelle erhitzen.

Mit Lachs und Gurke

100 g Gurke
1 Tomate
1 Frühlingszwiebel
1/2 rote Chilischote (oder Chilipulver)
1 TL Sonnenblumenöl
etwas Limettensaft
2 Msp. Dill (frisch oder getrocknet)
Salz, Pfeffer, Zucker
2 Scheiben Räucherlachs

Zu Hause Gurke und Tomate entkernen und würfeln. Frühlingszwiebel fein schneiden. Chili fein hacken, mit Öl, Limettensaft und Dill unter das Gemüse heben und abschmecken. Lachs in Frischhaltefolie packen und kühl stellen.

Die Polenta im Büro auf einen Teller stürzen und in 1–2 cm dicke Scheiben schneiden. Lachs würfeln und mit der Gurkensalsa auf den Schnitten verteilen.

Mit Frischkäse und Tomate

2 EL Petersilie oder Schnittlauch
60 g Frischkäse
2 Tomaten (150 g)
Pfeffer

Zu Hause Kräuter fein hacken. Mit Frischkäse in einem Plastikbehälter mischen. Tomaten waschen und verpacken.

Die Polenta im Büro auf einen Teller stürzen und in 1–2 cm dicke Scheiben schneiden. Mit Frischkäse bestreichen, mit Tomaten-Scheiben belegen und mit Pfeffer bestreuen.

Mit Käse und Obst

1/4 Zwiebel
1 EL Weißweinessig
1 TL Honig
Pfeffer
50 g St. Albray (Rotschimmelkäse)
    oder Camembert
1 Feige (Pfirsich, Aprikose
oder Orange)

Zu Hause Zwiebel fein hacken. Mit Essig, Honig und Pfeffer in ein Schraubglas geben und gut schütteln. Käse und Feige einpacken.

Die Polenta im Büro auf einen Teller stürzen und in 1–2 cm dicke Scheiben schneiden. Käse in Scheiben und Feige in Schnitze schneiden. Auf den Schnitten verteilen. Mit Honig-Dressing beträufeln.

Clever
kochen

Wer seine Woche kulinarisch richtig plant, kann viel Zeit und Geld sparen. Beim Familienessen am Wochenende z. B. einfach 1–2 Portionen Kartoffeln oder Nudeln mehr kochen. Und mit diesen Rezepten aus den Resten schnell ein leckeres Essen fürs Büro zubereiten.

- Im Voraus: Nudeln nach dem Garen mit kaltem Wasser abspülen, dann kleben sie bis zur Weiterverwendung nicht zusammen.

- In der Schale: Pellkartoffeln auf Vorrat gekocht, halten sich ungeschält im Kühlschrank 2–3 Tage.

- Im Schraubglas: Einfach Zwiebeln, Tomaten und Basilikum hineinfüllen und gut schütteln – fertig ist die Pasta-Sauce.

Nudelsalat mit Tomaten-Pesto ⑨ 〰

Zutaten für 1 Person

4–6 in Öl eingelegte Tomaten
1 EL Pinienkerne
2 EL gehackte Petersilie
   (frisch oder tiefgekühlt)
2 EL Olivenöl
1 TL abgeriebene Zitronenschale
2 EL geriebener Parmesan
Pfeffer, Salz
250 g gekochte Nudeln (z. B. Fusilli)

Verpackung

1 kleines Schraubglas
1 Frischhaltebox

Zu Hause Tomaten abtropfen lassen und würfeln. Pinienkerne in einer Pfanne rösten.

Tomaten, Pinienkerne und Petersilie in ein Schraubglas geben. Mit Olivenöl, Zitronenschale, Parmesan, Pfeffer und 2–3 EL Wasser gut verrühren oder pürieren und mit Salz abschmecken. Nudeln in eine Frischhaltebox packen.

Im Büro die Nudeln mit dem Pesto vermischen und auf Wunsch 2–3 Minuten bei 600 Watt erhitzen.

Nudelsalat mit Nuss-Zitronen-Sauce ⑩ 〰

Zutaten für 1 Person

je 2 EL Walnusskerne
   und Cashewnüsse
1 EL Pinienkerne
1–2 EL Zitronensaft
Salz, Pfeffer
1 TL Honig
3 EL Olivenöl
1 Frühlingszwiebel
je 1 EL Petersilie und Schnittlauch
   (frisch oder tiefgekühlt)
250 g gekochte Nudeln (z.B. Farfalle)

Verpackung

1 Plastikbeutel
1 kleines Schraubglas
1 Frischhaltebox

Zu Hause die Nüsse grob hacken. Mit den Pinienkernen in einer Pfanne anrösten, abkühlen lassen und in einen Plastikbeutel packen. Zitronensaft, Salz, Pfeffer, Honig und Olivenöl in einem Schraubglas gut vermischen.

Die Frühlingszwiebel putzen und in feine Ringe schneiden. Petersilie und Schnittlauch waschen und fein hacken. Mit den gekochten Nudeln in eine Frischhaltebox geben.

Im Büro die Kräuternudeln mit Sauce und Nüssen mischen. Den Salat mit Salz und Pfeffer abschmecken.

Nudelauflauf mit Erbsen

Zutaten für 1 Person

1 Ei
2 EL Sahne
1 Spritzer Worcestersauce
1 Prise Cayennepfeffer
1 Prise Muskat
2 Spritzer Zitronensaft
1 EL gehackte Petersilie
   (frisch oder tiefgekühlt)
2 Scheiben gekochter Schinken
2 EL geriebener Gouda
80 g TK-Erbsen
250 g gekochte Nudeln (z. B. Rigatoni)

Verpackung
1 Schraubglas
2 Frischhalteboxen

Zu Hause vorbereiten

Ei in ein Schraubglas aufschlagen,
Sahne, Worcestersauce, Gewürze,
Zitronensaft und Petersilie zugeben.
Gut schütteln. Schinken würfeln und
mit dem Käse unter die Sahne rühren.
Erbsen und Rigatoni getrennt in eine
Frischhaltebox packen.

Im Büro zubereiten

Erbsen abgießen, mit den Nudeln auf
einem Teller mischen und die Sauce
darübergießen. In der Mikrowelle bei
600 Watt 5–6 Minuten erhitzen, bis das
Ei stockt.

Rigatoni mit Pfifferling-Krebs-Sauce

Zutaten für 1 Person

70 g Pfifferlinge
300 g gekochte Nudeln
   (z. B. Rigatoni)
2 EL geriebener Parmesan
50 ml Sahne
2 EL Orangensaft
Salz, Pfeffer
Zitronensaft
1 Frühlingszwiebel
100 g Krebsfleisch
   (aus dem Kühlregal)

Verpackung
1 Papiertüte
2 Frischhalteboxen
1 Sturzglas

Zu Hause vorbereiten

Pfifferlinge putzen und in eine Papiertüte packen. Nudeln in eine Frischhaltebox packen, den Käse ebenso.

Sahne, Orangensaft, Salz und Pfeffer in einem Sturzglas verrühren, mit Zitronensaft abschmecken. Frühlingszwiebel putzen und in feine Ringe schneiden. Krebsfleisch abspülen und trocken tupfen. In das Sturzglas geben, verschließen und kühl stellen.

Im Büro zubereiten

Rigatoni auf einem Teller mit Sauce und Pilzen mischen. 3–4 Minuten bei 600 Watt erhitzen. Mit Parmesan bestreuen.

Curry-Sauce mit Shrimps

Zutaten für 1 Person

1 Frühlingszwiebel
1 Stück (1 cm) frischer Ingwer
  oder 2 Msp. Ingwerpulver
1 kleine Dose Kokosmilch (165 ml)
1–2 TL mildes Currypulver
Salz, Pfeffer
100 g Shrimps
  (aus dem Kühlregal)
200–300 g gekochte Nudeln
  (aus dem Kühlregal)

Verpackung
1 Sturzglas
1 Frischhaltebox

Zu Hause vorbereiten

Frühlingszwiebel putzen und schräg in dünne Ringe schneiden. Ingwer schälen und fein hacken. Kokosmilch mit Zwiebeln, Ingwer und Gewürzen in einem Sturzglas mischen und gut schütteln.

Shrimps waschen, abtropfen lassen und mit den Nudeln in eine Frischhaltebox packen.

Im Büro zubereiten

Nudeln in einem tiefen Teller mit der Sauce mischen und in der Mikrowelle 4 Minuten bei 600 Watt erhitzen.

Lauch-Sahne-Sauce

Zutaten für 1 Person

1 kleine Stange Lauch (120–150 g)
5 EL Sahne
1 EL Schmand
1 TL Gemüsebrühe (Instant)
1 TL Senf
6–8 Tropfen Zitronensaft
Muskat, Salz, Pfeffer
1–2 EL geriebener Parmesan
200–300 g gekochte Nudeln
   (vom Vortag)

Verpackung
1 Sturzglas
2 Frischhalteboxen

Zu Hause vorbereiten

Lauch putzen und in schmale Streifen schneiden.

70 ml Wasser, Sahne, Schmand, Brühpulver, Senf, Zitronensaft und Gewürze in einem Sturzglas verrühren und gut schütteln.

Lauch und Nudeln in eine Frischhaltebox packen, den Parmesam ebenso.

Im Büro zubereiten

Lauch-Nudeln auf einem tiefen Teller mit der Sauce mischen. In der Mikrowelle bei 600 Watt abgedeckt 4 Minuten erhitzen. Mit Parmesan bestreuen.

Variante

Statt Lauch schmecken zur Sauce auch 100 g halbierte Champignons oder 150 g Zucchini, in Stifte geschnitten, sehr gut.

Italienische Gemüse-Sauce

Zutaten für 1 Person

150 g gemischtes Antipasti-Gemüse
(in Öl eingelegt)
je 1 TL Rosmarin und Thymian
1 Msp. Cayennepfeffer
1 EL gefriergetrocknetes
Suppengemüse
evtl. 50 g Fenchel
1 EL Parmesan
200 g Ravioli
(aus dem Kühlregal)

Verpackung
3 Frischhalteboxen
oder 1 unterteilte Box

Zu Hause vorbereiten

Antipasti-Gemüse abtropfen lassen.
Kräuter waschen und fein hacken. Mit
Cayennepfeffer, Suppengemüse und
100 ml Wasser in einer Frischhaltebox mischen und gut schütteln. Evtl.
Fenchel waschen, in feine Streifen
schneiden und zugeben.

Parmesan und Ravioli getrennt in eine
Frischhaltebox packen.

Im Büro zubereiten

Nudeln in einem tiefen Teller mit dem
Gemüse mischen. 3–4 Minuten abgedeckt in der Mikrowelle bei 600 Watt
erhitzen. 2 Minuten ruhen lassen und
mit Parmesan bestreuen.

Tomatensauce all'arrabiata

Zutaten für 1 Person

1 kleine Chilischote
1 TL Olivenöl
Salz, Pfeffer
1–2 EL Mascarpone
   oder Frischkäse
1 TL Tomatenmark
2 EL Parmesan
40 g Cabanossi
200 g Tomatenwürfel
   (aus der Dose)
200 g Tortellini
   (aus dem Kühlregal)

Verpackung
1 Sturzglas
2 Frischhalteboxen

Zu Hause vorbereiten ⑤

Chilischote in feine Ringe schneiden,
mit Öl, Salz, Pfeffer, Mascarpone,
Tomatenmark und 1 EL Parmesan in
einem Sturzglas vermischen. Cabanossi
würfeln, Tomaten abgießen. Beides
zugeben und gut schütteln.

Restlichen Parmesan und Tortellini
getrennt in eine Frischhaltebox packen.

Im Büro zubereiten ③

Tortellini in einem tiefen Teller mit der
Sauce mischen und in der Mikrowelle
bei 600 Watt 3–4 Minuten erhitzen.
2 Minuten ruhen lassen und mit Parmesan bestreuen.

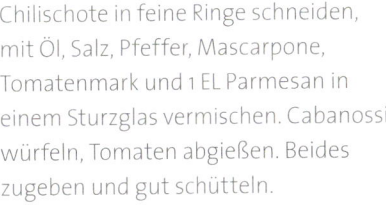

Kartoffel-Lauch-Cremesuppe

Zutaten für 1 Person

100 g Lauch
2 gestr. TL Gemüsebrühe (Instant)
2 EL Sahne oder Milch
1–2 Msp. Sahne-Meerrettich
Muskat, Salz, Pfeffer
200 g gekochte Kartoffeln

Verpackung
1 Sturzglas
2 Frischhalteboxen

Zu Hause vorbereiten

Lauch putzen, halbieren und in 1/2 cm breite Streifen schneiden. 125 ml Wasser, Brühpulver, Sahne, Meerrettich und Gewürze in einem Sturzglas verrühren. Lauch zugeben, Glas verschließen.

Kartoffeln schälen. Eine Kartoffel würfeln, die andere mit einer Gabel fein zerdrücken. Getrennt in Frischhalteboxen füllen.

Im Büro zubereiten

Kartoffelcreme mit Lauchsuppe und 125–150 ml Wasser verrühren, Kartoffelwürfel zugeben. 3–4 Minuten abgedeckt bei 600 Watt erhitzen.

Kartoffeln mit Heringssalat

Zutaten für 1 Person

2 Bismarckheringe (aus dem Glas)
1/2 kleine Zwiebel (40 g)
1/2 Apfel
1 Essiggurke
3 EL Joghurt
1 Msp. Senf
Salz, Pfeffer
2–3 Pellkartoffeln

Verpackung
1 Schraubglas
1 Frischhaltebeutel

Zu Hause vorbereiten

Heringe abtropfen lassen und würfeln.
Zwiebel schälen und in feine Streifen
schneiden. Apfel und Essiggurke würfeln.

Joghurt, Senf und Gewürze in einem
Schraubglas mischen. Die vorbereiteten
Zutaten unterrühren. Kartoffeln in
einen Frischhaltebeutel packen.

Im Büro zubereiten

Kartoffeln schälen, halbieren und auf
einem Teller 2–3 Minuten bei 600 Watt
erhitzen. Den Heringssalat dazugeben.

Kartoffelauflauf mit Schinken ⏱15 ≋

Zutaten für 1 Person

2 Scheiben gekochter Schinken
1 EL Olivenöl
2 EL gehackte Petersilie
   (frisch oder tiefgekühlt)
Salz, Muskat
2 EL Schmand
1 TL Butter
1–2 EL geriebener Gouda
200 g gekochte Kartoffeln
100–150 g TK-Blattspinat

Verpackung

1 Schraubglas
1 Frischhaltebox

Zu Hause den Schinken in Streifen schneiden. Mit Olivenöl, Petersilie, Salz und Muskat in einem Schraubglas mischen. Schmand, Butterflocken und Gouda zugeben. Kartoffeln schälen, zerdrücken und unter die Schinken-Creme mischen. Spinat in eine Frischhaltebox packen.

Im Büro Spinat vorsichtig ausdrücken und mit der Kartoffelcreme mischen. 3 Minuten bei 600 Watt erhitzen.

Tipp

Kartoffeln nie pürieren! Dabei wird zu viel Stärke frei und das Püree klebrig und zäh.

Kartoffelkuchen mit Frischkäse ⏱12 ≋

Zutaten für 1 Person

200 g gekochte Kartoffeln
1 TL Öl
80 g Kräuterfrischkäse
1 Ei
2 EL gehackte Petersilie
   (frisch oder tiefgekühlt)
Salz, Pfeffer
200 g Gurke
1 EL Dill (frisch oder tiefgekühlt)
50 g Joghurt
1 TL Sahne-Meerrettich

Verpackung

1 Sturzglas
1 Frischhaltebox (200 ml)

Zu Hause die Kartoffeln schälen, das Sturzglas mit Öl auspinseln. Kartoffeln darin mit einer Gabel zerdrücken. Frischkäse, Ei, Petersilie, Salz und Pfeffer unterrühren. Gurke schälen, entkernen und würfeln. Dill hacken. Mit Joghurt, Meerrettich, Salz und Pfeffer in einer Frischhaltebox verrühren. Gurke dazugeben.

Im Büro Kartoffelmasse im offenen Sturzglas bei 600 Watt 2 Minuten erhitzen. Den Kartoffelkuchen auf einen Teller stürzen, in Scheiben schneiden und die Gurkenwürfel darübergeben.

Kartoffeln mit Zaziki ⑩ ≋

Zutaten für 1 Person

100 g Gurke
evtl. 1/4 Knoblauchzehe
4 schwarze, entkernte Oliven
100 g Joghurt
50 g Schmand
1 EL Olivenöl
Salz, Pfeffer
2–3 Pellkartoffeln

Verpackung

1 Schraubglas
1 Frischhaltebeutel

Zu Hause die Gurke schälen, entkernen, Fruchtfleisch fein raspeln. Mit Salz bestreuen und zum Abtropfen in ein Sieb geben. Knoblauch fein hacken. Oliven in Ringe schneiden.

Mit Joghurt, Schmand und Öl in einem Schraubglas vermischen. Mit Salz und Pfeffer abschmecken. Kartoffeln in einen Frischhaltebeutel packen.

Im Büro Kartoffeln schälen, halbieren und auf einem Teller in der Mikrowelle 2–3 Minuten bei 600 Watt erhitzen. Zaziki dazugeben.

Kartoffeln mit Schafskäse ⑩ ≋

Zutaten für 1 Person

1/4 Paprikaschote
75 g Schafskäse
1 TL getrockneter Thymian
1 EL Olivenöl
Pfeffer, Salz
2–3 Pellkartoffeln

Verpackung

1 Schraubglas
1 Frischhaltebeutel

Zu Hause die Paprika und den Schafskäse fein würfeln. Schafskäse, Thymian und Olivenöl in einem Schraubglas zu einer cremigen Masse verrühren. Paprika dazugeben und etwas Pfeffer darübermahlen. Evtl. mit Salz abschmecken. Kartoffeln in einen Frischhaltebeutel packen.

Im Büro die Kartoffeln schälen und halbieren. Käsecreme darüber verteilen, in der Mikrowelle 4–5 Minuten bei 600 Watt erhitzen.

Snacks
Getränke &
Notrationen

Der kleine Hunger kommt immer dann, wenn man am wenigsten auf ihn vorbereitet ist. Doch mit dem schnellen Griff zu Keksen, Chips und Schokolade tut man der Figur und dem Wohlbefinden keinen Gefallen. Etwas vorbereitet zu haben, ist daher alles!

- Nüsse, Vollkornkekse, Trockenobst: sind gesunde Energielieferanten für Stress-Situationen und finden in jeder Schublade Platz.

- Erfrischende Fitness-Drinks: sind so schnell zubereitet wie ein Kaffee, und geben neue Energie und einen echten Vitaminschub.

- Notrationen: retten aus kulinarischen Engpässen im Büro und machen in nur 2–4 Minuten wieder satt und munter.

Aus 1 mach 3
Früchtequark

BASISREZEPT

Zutaten für 1 Person

125 g Quark oder Joghurt
1 Päckchen Vanillezucker

Verpackung
1 Sturzglas

Zu Hause vorbereiten

Quark in einem Sturzglas mit Vanillezucker und den Zutaten einer Variante
verrühren.

Tipp

Kiwi, Ananas und Papaya eignen
sich nicht für Quark und Joghurt. Sie
enthalten ein Enzym, das Milchprodukte bitter schmecken lässt.

Orangenquark

1 Orange
1 EL Orangenmarmelade
2 Prisen Kardamom
evtl. Zucker
1–2 EL Walnüsse

Orangen so schälen, dass die weiße Fruchthaut vollständig entfernt wird. Quer in 1 cm dicke Scheiben schneiden und würfeln. Mit Marmelade und Kardamom unter den Vanillequark rühren und auf Wunsch pürieren. Evtl. mit Zucker nachsüßen.

Die Walnüsse grob hacken und erst im Büro unter den Quark rühren.

Himbeerquark

150 g TK-Himbeeren
2 TL Himbeermarmelade
evtl. Zucker

Die Himbeeren leicht antauen lassen. Mit der Marmelade unter den Vanillequark rühren und mit dem Stabmixer pürieren. Evtl. mit Zucker nachsüßen.

Bananenquark

1 Banane
2 EL Zitronensaft
50 g grüne, kernlose Trauben
evtl. Zucker

Die Banane in Scheiben schneiden, mit 1 EL Zitronensaft beträufeln, zum Vanillequark geben und mit dem Stabmixer pürieren. Evtl. mit Zucker nachsüßen.

Die Trauben waschen, halbieren und unterheben. Quark mit dem restlichen Zitronensaft beträufeln und das Glas verschließen.

Schnelle Apfelcreme

Zutaten für 1 Person

100 g Joghurt
1 EL saure Sahne
1 Päckchen Vanillezucker
1/2 Apfel
1 TL Zitronensaft
125 g Apfelmus
1 Msp. Zimt
Amarettini
   (ital. Mandelkekse)

Verpackung
1 Sturzglas
1 kleine Plastikdose

Zu Hause vorbereiten

Joghurt, saure Sahne und Vanillezucker
in einer kleinen Schüssel verrühren.

Den Apfel entkernen und würfeln.
Mit Zitronensaft beträufeln und mit
Apfelmus und Zimt in einem Sturzglas
verrühren. Mit der Joghurtcreme
bedecken.

Amarettini in eine Plastikdose packen.

Im Büro zubereiten

Die Amarettini grob zerbröseln und
über die Apfelcreme streuen.

Mango-Tiramisu

Zutaten für 1 Person

1/2 Mango
1 EL Zucker
1–2 TL Limettensaft
75 g Quark
75 g Crème fraîche
1 TL Vanillezucker
2 Löffelbiskuits

Verpackung
1 Sturzglas

Zu Hause vorbereiten  8

Die Mango schälen, das Fruchtfleisch
würfeln. Mit Zucker und Limettensaft
vermischen und mit dem Stabmixer
pürieren. Den Quark mit Crème fraîche
und Vanillezucker verrühren.

Mangopüree und Quarkcreme abwech-
selnd in ein Sturzglas füllen. Mit einer
Schicht Quark abschließen. Löffelbiskuits
senkrecht in die Creme stecken. Das Glas
verschließen und kühl stellen.

Variante

Wenn es gerade keine reifen Mangos
gibt, kann man auch Pfirsiche oder
Aprikosen aus der Dose für das Püree
verwenden.

Mandel-Bratapfel

Zutaten für 1 Person

1 TL Zucker
2 Msp. Zimt
1–2 EL gehobelte Mandeln
   oder gehackte Walnüsse
1 TL Rosinen
1 kleiner Apfel
evtl. etwas Marzipan

Verpackung
1 kleines Schraubglas
1 Frischhaltebeutel

Zu Hause vorbereiten

Zucker, Zimt, Mandeln und Rosinen in einem Schraubglas gut vermischen. Den Apfel waschen und in einen Frischhaltebeutel packen.

Im Büro zubereiten

Apfel halbieren, das Kerngehäuse ausschneiden. Auf einen Teller legen, die Mandel-Mischung darauf verteilen. Evtl. etwas Marzipan dazugeben. In der Mikrowelle bei 600 Watt 2–4 Minuten erhitzen (je nach Größe des Apfels).

Tipp

Für die Mikrowelle eignen sich am besten säuerliche Äpfel wie Boskop, Cox Orange, Elstar oder Rubinette. Sie bleiben schön saftig und zerfallen nicht so schnell.

Schoko-Muffin aus dem Glas

Zutaten für 1 Person

1 TL Sonnenblumenöl
1 Ei
30 g gemahlene Haselnüsse
   oder Mandeln
50 g Quark (40 %)
1/2 TL Backpulver
1 TL Kakao
1–3 EL Zucker
1 Päckchen Vanillezucker
Puderzucker oder Kokosstreusel

Verpackung

1 Sturzglas (400 ml, mind. 11 cm hoch)

Zu Hause vorbereiten

Den Boden des Sturzglases mit Öl einpinseln. Ei in das Glas aufschlagen. Haselnüsse, Quark, Backpulver, Kakao, Zucker und Vanillezucker zugeben und mit einem Löffel gut vermischen. Das Glas verschließen und kühl stellen.

Im Büro zubereiten

Glas öffnen und auf einen Unterteller stellen. 3 Minuten in der Mikrowelle bei 600 Watt erhitzen.

Herausnehmen, Muffin auf den Unterteller stürzen und etwas abkühlen lassen. Mit Puderzucker oder Kokosraspel bestreuen.

Variante

Für einen Apfel-Muffin den Kakao weglassen und dafür 1/2 grob geraspelten Apfel unter den Teig rühren.

Aus 1 mach 3

Popcorn

BASISREZEPT

Zutaten für 1 Person

1 EL getrocknete Maiskörner (15 g)
1/2 TL Salz oder Zucker

Verpackung
1 Sturzglas (400 ml)

Zu Hause vorbereiten

Die Maiskörner in ein Sturzglas füllen und verschließen.

Im Büro zubereiten

Glas öffnen, mit einem Unterteller abdecken und 3 Minuten bei 600 Watt erhitzen. Salz oder Zucker darüberstreuen. Pur genießen oder mit den Zutaten einer Variante mischen.

Tipp

Die angegebene Menge Mais ist für die Mikrowelle optimal. Sonst verbrennt das Popcorn leicht und nicht alle Körner springen auf.

Nuss-Popcorn

1 EL Kürbiskerne
1 EL Cashewkerne
1 TL Sesamsaat
1/2 TL Salz

Kürbis- und Cashewkerne, Sesamsaat und Salz in eine kleine Frischhaltedose füllen.

Das Popcorn im Büro wie angegeben zubereiten und mit Nüssen und Salz mischen.

Butter-Popcorn

1–2 TL Butter
2 Prisen Salz oder
1/2 TL Zucker

Butter mit Salz oder Zucker in einem kleinen Schraubglas mit ins Büro nehmen.

Das Popcorn im Büro wie angegeben zubereiten. Butter in der Mikrowelle bei 600 Watt abgedeckt 30 Sekunden schmelzen und über das heiße Popcorn träufeln.

Süßes Popcorn

2 getrocknete Aprikosen
2 getrocknete Zwetschgen
2 getrocknete Mangostreifen
  (Ananas oder Birne)

Aprikosen, Zwetschgen und Mango zu Hause in Würfel schneiden und in einen Frischhaltebeutel packen.

Das Popcorn im Büro wie angegeben zubereiten und mit dem Trockenobst mischen.

Kartoffelchips

Zutaten für 1 Person

1 Kartoffel
Salz, Pfeffer

Verpackung
1 Frischhaltebeutel
Backpapier

Zu Hause vorbereiten

Kartoffel waschen, evtl. schälen und
einpacken. 4 Blätter (DIN A 4) Backpapier zurechtschneiden.

Im Büro zubereiten

Die Kartoffel in Scheiben schneiden
(1–2 mm), auf Backpapier auslegen,
salzen und pfeffern. Backpapierblätter
übereinanderlegen und ca. 2–4 Minuten
bei 600 Watt erhitzen. Chips herausnehmen, sobald sie leicht gebräunt sind.

Variante

Aus Kürbis und Zucchini kann man
leckere Gemüse-Chips machen:
200 g davon in feine Scheiben schneiden. Zucchini 2–4 Minuten, Kürbis
4–6 Minuten in der Mikrowelle garen.

Tipp

Für knusprige Chips nicht zu dicke
Scheiben schneiden und immer
auf Backpapier legen. Auf dem
Teller kleben sie fest. Gewürze wie
Paprika, Curry und Kräuter erst nach
dem Backen aufstreuen.

Grissini mit Antipasti & Chili-Öl

Zutaten für 1 Person

1 Chilischote
je 1 TL Thymian und Rosmarin
  (frisch oder getrocknet)
ca. 1/2 TL Chiliflocken
30 ml Olivenöl
2–3 Scheiben Parma- oder
  Serrano-Schinken
20 g italienische Salami
  (hauchdünn geschnitten)
1 EL schwarze, entkernte Oliven
in Öl eingelegte Artischocken
  oder Tomaten
Grissini

Verpackung
1 kleines Schraubglas
1 Frischhaltebox

Zu Hause vorbereiten

Chilischote der Länge nach halbieren
und entkernen. Mit Thymian, Rosmarin
und Chiliflocken in ein Glas geben, mit Öl
aufgießen und ziehen lassen.

Parmaschinken, Salami, Oliven und Artischocken in eine Frischhaltebox packen.
Grissini nicht vergessen.

Sesam-Couscous auf Vorrat ⑧ 🔲

Zutaten für 1 Person

1 EL Sesamsaat
60 g Couscous (Instant)
1–2 TL Gemüsebrühe (Instant)
1 EL gehobelte Mandeln
1 Msp. gemahlener Kreuzkümmel
2 Msp. gemahlener Koriander
Salz, Pfeffer

Verpackung

1 Weckglas oder
1 Frischhaltebeutel

Zu Hause Sesam mit Couscous, Brüh-pulver, Mandeln und Gewürzen mischen. In einem Frischhaltebeutel oder einem Schraubglas aufbewahren.

Im Büro die Couscous-Mischung in eine Schale geben, mit 120 ml kochendem Wasser (1 kleine Tasse) übergießen, mit einem Teller abdecken und 5 Minuten ziehen lassen.

Nuss-Couscous auf Vorrat ⑧ 🔲

Zutaten für 1 Person

2 EL Cashewnüsse
60 g Couscous (Instant)
1–2 TL Gemüsebrühe (Instant)
1 EL Rosinen
1 EL Kokosflocken
1 TL Currypulver
Salz und Pfeffer

Verpackung

1 Weckglas oder
1 Frischhaltebeutel

Zu Hause Cashewnüsse hacken, mit Couscous, Brühpulver, Rosinen, Kokos und Gewürzen mischen. In einem Frischhaltebeutel oder einem Schraub-glas aufbewahren.

Im Büro die Couscous-Mischung in eine Schale geben, mit 120 ml kochendem Wasser (1 kleine Tasse) übergießen, mit einem Teller abdecken und 5 Minuten ziehen lassen.

Instant-Risotto

Zutaten für 1 Person

4 getrocknete Tomaten
  (nicht eingelegt)
80 g Instant-Reis
1–2 EL getrocknete Pilze
1–2 TL Kräuter der Provence
Salz, Pfeffer
1/2 TL gefriergetrocknete Zwiebeln
1 TL gefriergetrocknetes
  Suppengemüse
1 EL Öl

Verpackung
1 Sturzglas

Tipp

Die trockene Risotto-Mischung hält sich in einem Glas mind. 3 Monate. Einfach im Büro aufbewahren und bei Bedarf zubereiten.

Zu Hause vorbereiten

Die getrockneten Tomaten fein würfeln. Mit Reis, Pilzen, Gewürzen, Zwiebeln und Gemüse in ein Glas geben und luftdicht verschließen.

Im Büro zubereiten

125 ml Wasser im Wasserkocher erhitzen. Reismischung damit übergießen und 6–7 Minuten bei 600 Watt erhitzen. Evtl. überschüssiges Wasser abgießen und etwas Öl unterrühren.

Schnelle Nudeln aus der Tüte

Zutaten für 1 Person

1 TL Gemüsebrühe (Instant)
1 TL ital. Kräutermischung
Pfeffer
1–2 EL geröstete, gesalzene
   Cashewnüsse
50–70 g Mie-Nudeln
   (chinesische Weizennudeln)
100 g Antipasti-Gemüse
   (in Öl eingelegt)

Verpackung
2 Frischhaltebeutel
1 Schraubglas

Zu Hause vorbereiten

Brühpulver, Gewürze und Cashewnüsse
mischen und in einen Frischhaltebeutel
packen. Ebenso die Nudeln. Das Antipasti-
Gemüse in einem Glas mitnehmen.

Im Büro zubereiten

2–3 Tassen Wasser (400 ml) im Wasserkocher erhitzen. Nudeln in einen tiefen
Teller geben und mit dem heißen
Wasser übergießen. Sie müssen ganz
bedeckt sein. 2 Minuten bei 600 Watt
erhitzen und das Wasser abgießen.

Gemüse abtropfen lassen, mit der
Gewürz-Nuss-Mischung unter die
Nudeln rühren. 1–2 Minuten bei
600 Watt erhitzen.

Variante

Statt Gemüse und italienischen Kräutern
kann man auch Sprossen und 1 TL Currypulver unter die Nudeln mischen.

Frische Limonaden für heiße Tage

Selbst gemachte Limonade ist erfrischend und gesund. Man kann den Zuckergehalt selbst dosieren und gleich eine größere Menge auf Vorrat zubereiten. Im Kühlschrank hält sie sich 2–3 Tage.

Eistee

Zutaten für ca. 1,5 Liter

2 unbehandelte Orangen
6 Stängel frische Minze oder
1 Teebeutel Pfefferminztee
3–4 EL schwarzer Tee
1/2 Stange Zimt
2 EL Orangenmarmelade

Verpackung
2 Flaschen (à 750 ml)
1 Thermosbehälter

Orangen heiß abwaschen, von 1 Orange dünne Zesten abschälen. Orangen auspressen. Minze waschen.

Teeblätter, Minze, Orangenschale und Zimt mit 500 ml kochendem Wasser übergießen. 3 Minuten ziehen lassen, durch ein Sieb abgießen. Marmelade und Saft einrühren.

Zugedeckt abkühlen lassen, durch ein Sieb in Flaschen abfüllen und in den Kühlschrank stellen. In einem Thermosbehälter mit ins Büro nehmen.

Ingwer-Limonade

Zutaten für 500 ml

1 Stück (3 cm) Ingwer
425 ml Wasser
2–3 EL Zucker
2 Teebeutel Schwarz-
   oder Rooibostee
75 ml Zitronensaft

Verpackung
2 Flaschen (à 250 ml)
1 Thermosbehälter

Ingwer schälen und in Scheiben schneiden. Mit Wasser und Zucker aufkochen. Teebeutel zugeben und 3–5 Minuten ziehen lassen. Teebeutel entfernen und die Limonade etwas abkühlen lassen.

Zitronensaft zugeben und 15 Minuten ziehen lassen. Ingwer entfernen und die Limonade kühl stellen. In einem Thermosbehälter mit ins Büro nehmen.

Zitronen-Gewürz-Sirup

**Zutaten für 200 ml
(6–8 Portionen)**

6 unbehandelte Zitronen
100 g Zucker
1 Stange Zimt
1 Nelke, 2 Sternanis

Verpackung
2 Flaschen
1 Thermosbehälter

Zitronen heiß abwaschen. Schale mit einem Sparschäler dünn abziehen, den Saft auspressen (200 ml). Saft mit Zucker, Zimt, Nelken und Sternanis in einem Topf 2 Minuten kochen lassen.

Vom Herd nehmen, Zitronenschale zugeben und den Sirup abkühlen lassen. Mit Gewürzen und Zitronenschale in eine sterilisierte Flasche füllen.

Kühl gelagert ist er ca. 2 Wochen haltbar. Je nach Geschmack 20–40 ml in einen Thermosbehälter geben und mit 300–450 ml kaltem Wasser auffüllen.

Fitness-Drinks

Vitamin-Drink

Zutaten für 1 Person

1/2 Limette
50 ml Rote-Bete-Saft
50 ml Karottensaft
150 ml Apfelsaft
2 Prisen gemahlener Koriander
1/2 TL Sonnenblumen- oder Rapsöl

Verpackung
1 Sturzglas oder 1 Thermosbehälter

Limettensaft auspressen und mit den anderen Säften in ein Sturzglas füllen. Koriander und Öl zugeben, das Glas verschließen und den Drink gut schütteln.

Tomato-Shot

Zutaten für 1 Person

150 ml Tomatensaft
75 ml Orangensaft
1 EL gefriergetrockneter Schnittlauch
1–2 TL mildes Currypulver
1/2 TL Sonnenblumen- oder Rapsöl
Salz, Pfeffer

Verpackung
1 Sturzglas oder 1 Thermosbehälter

Die Säfte mit Schnittlauch, Curry und Öl in einem Sturzglas vermischen. Mit Salz und Pfeffer abschmecken. Das Glas verschließen und gut schütteln.

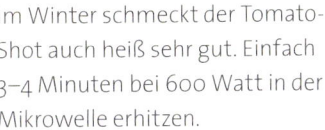

Tipp

Im Winter schmeckt der Tomato-Shot auch heiß sehr gut. Einfach 3–4 Minuten bei 600 Watt in der Mikrowelle erhitzen.

Power-Drink

Zutaten für 1 Person

1/2 Zitrone
1 Scheibe (1 cm) Ingwer
150 ml Orangensaft
50 ml Karottensaft
1 TL Honig
1/2 TL Sonnenblumen- oder Rapsöl

Verpackung
1 Sturzglas oder Thermosbehälter

Zitrone auspressen, Ingwer schälen und fein reiben. Mit Orangensaft, Karottensaft, Honig und Öl in ein Sturzglas füllen, verschließen und gut schütteln.

Joghurt-Drinks

Indischer Lassi

Zutaten für 1 Person

150 ml Joghurt
1 TL Zucker
1–2 Prisen gemahlener Kardamom
2 Msp. Ingwerpulver
1 Prise Muskat

Verpackung
1 Thermosbehälter

Joghurt mit 75 ml eiskaltem Wasser in einer Schüssel vermischen. Zucker, Kardamom, Ingwer und Muskat unterrühren. In einem Thermosbehälter ins Büro mitnehmen.

Variante

Statt mit Zucker kann man den Lassi auch mit 1–2 EL Fruchtsirup (Pfefferminze, Limone, Himbeere) süßen.

Joghurt-Minze-Drink

Zutaten für 1 Person

4 Stängel Minze
1/2 Limette
200 g Joghurt
Salz, Pfeffer
1 TL Zucker
500 ml Mineralwasser

Verpackung
1 Thermosbehälter

Minze waschen, von den Stielen zupfen und fein hacken. Limette auspressen. Joghurt mit Salz, Pfeffer, Zucker, Limettensaft und Minze in einer Schüssel verrühren und in einen Thermosbehälter füllen.

Im Büro mit eiskaltem Mineralwasser auffüllen.

Himbeer-Smoothie

Zutaten für 1 Person

125 g TK-Himbeeren
100 g Joghurt
50 ml Milch
1–2 TL Honig oder Himbeersirup

Verpackung
1 Thermosbehälter

Himbeeren 5 Minuten leicht antauen lassen, mit Joghurt, Milch, Honig oder Sirup in einem hohen Glas mit dem Pürierstab aufmixen. In einen Thermosbehälter füllen, verschließen und gut schütteln.

Zutatenverweis

A

Ananas 59, 90
Apfel 35, 41, 63, 87, 105, 114, 117
Aprikosen, getrocknet 42, 121

B

Bambussprossen 90
Banane 113
Blattspinat 29, 73, 74, 89, 105
Bleichsellerie 39, 42, 59
Blumenkohl 41, 76
Brokkoli 41

C

Cabanossi 69, 70, 103
Camembert 35, 39, 93
Cashewnüsse 42, 59, 96, 124, 127
Champignons 65, 79

E

Emmentaler 23, 64, 76, 89
Erbsen 59, 65, 82, 89, 98
Erdnüsse 19

F

Fenchel 40, 102
Feta 21, 55, 59, 67, 74, 75, 108

G

Gouda 28, 55, 76, 89, 98, 107
Gurke 19, 26, 51, 55, 59, 93, 107, 108

H

Hering 105
Himbeeren 113, 133

K

Kartoffeln 104, 105, 107, 108, 122
Knollensellerie 62, 63
Kohlrabi 78
Krebsfleisch 99
Kürbiskerne 45, 63, 121

L

Lachsschinken 29
Lauch 35, 62, 63, 82, 86, 87, 102, 104

M

Mais 27, 51, 52, 59, 70, 120
Mango 28, 115, 121
Möhren 39, 42, 52, 62, 63, 87
Mozzarella 32, 49, 51, 57, 66

O

Orange 43, 45, 113, 129

P

Paprikaschoten 19, 31, 55, 91, 108
Parmaschinken 23, 47, 57, 123
Pfeffer, grüner 23, 35, 39, 43, 47
Pfifferlinge 99
Pinienkerne 52, 74, 96

R

Radieschen 19, 39, 51, 55
Räucherlachs 29, 93
Rauchfleisch 23
Romanesco 41, 76
Rote Bete 43, 85

S

Schafskäse 21, 55, 59, 67, 74, 75, 108
Schinken, gekocht 23, 32, 59, 76, 98, 107
Shrimps 90, 100
Sojasprossen 82, 91
Speck 40

T

Thunfisch 21, 51, 59, 89
Tomaten 19, 21, 24, 27, 29, 32, 39, 45, 47,
    49, 51, 55, 59, 66, 73, 79, 93
Tomaten, getrocknet 21, 96, 123, 126

W

Walnüsse 43, 45, 51, 96, 113
Weintrauben 113

Z

Zucchini 67, 68, 75, 91, 122
Zuckerschoten 90
Zwiebel, rote 31, 35, 43

Symbole

 Vor- und Zubereitungszeit

 Mikrowelle

 Wasserkocher

 Herd

 Sandwich-Toaster

Grundzutaten

Für die Zubereitung der meisten Gerichte aus diesem Buch, reicht der folgende Grundbestand an Gewürzen völlig aus. So bleiben exotische Gewürze, die man einmal für die Zubereitung eines bestimmten Gerichtes gekauft hat, nicht unbenützt im Schrank stehen. Im Büro kann man jedes Gericht nach dem Erwärmen in der Mikrowelle noch einmal mit Salz und Pfeffer abschmecken.

Zu Hause			Im Büro
Salz	Essig	Senf	Salz
Pfeffer	Sonnenblumenöl	Meerrettich	Pfeffer
Paprikapulver - rosenscharf - edelsüß	Olivenöl	Sojasauce	1 kleine Flasche Öl
Currypulver	Zitrone	Gemüsebrühe (Instant)	
Muskat		Sambal Oelek	
Ingwerpulver			
Kräuter der Provence oder - Thymian - Oregano - Rosmarin			
gefriergetrocknete Zwiebeln			
gefriergetrocknetes Suppengemüse			
Koriander, gemahlen			
Kardamom, gemahlen			

Register

Impressum

Mit 125 Farbfotos von Michael Ruder

Umschlaggestaltung von Populärgrafik, Stuttgart
unter Verwendung von Fotos von Michael Ruder

Wir bedanken uns bei der Bonduelle Deutschland GmbH
für die freundliche Unterstützung.

Unser gesamtes lieferbares Programm und viele
weitere Informationen zu unseren Büchern,
Spielen, Experimentierkästen, DVDs, Autoren und
Aktivitäten finden Sie unter www.kosmos.de

Gedruckt auf chlorfrei gebleichtem Papier

ISBN 978-3-440-11744-6
Texte und Foodstyling: Karina Schmidt
Foodfotografie: Michael Ruder / Lichtpunkt Fotografie
Redaktion: Anna Ziegler
Layout und Satz: Populärgrafik, Stuttgart
Produktion: Eva Schmidt
Printed in Germany / Imprimé en Allemagne

Einfach & lecker!

Killmann/Schmelzer
Die Schnitte
192 Seiten, 100 Abbildungen
€/D 19,95; €/A 20,60; sFr 36,90
ISBN 978-3-440-11315-8

- Das Brot ist nur die Basis, der Belag macht's! Ob schlicht und bodenständig oder luxuriös und international; die kreativen Rezepte lassen keine Wünsche offen!

- Als besonderes Extra: Historisches, Literarisches und Anekdotisches zur Schnitte, dem allseits beliebten deutschen Kulturgut.

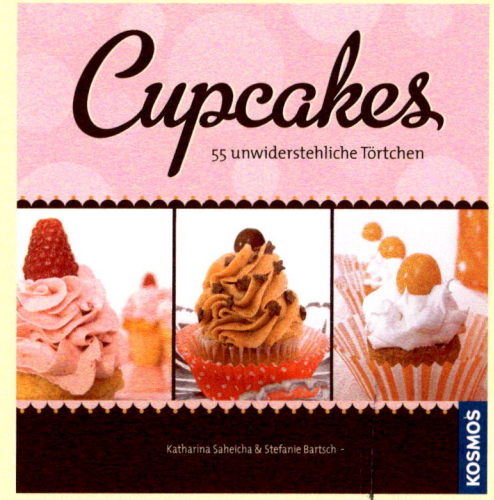

Saheicha/Bartsch
Cupcakes
144 Seiten, 70 Abbildungen
€/D 16,95; €/A 17,50; sFr 31,30
ISBN 978-3-440-11956-3

- Klein und handlich, cremegekrönt, liebevoll dekoriert und in bunte Papiermanschetten gehüllt: der Siegeszug der Cupcakes.

- Extra: Die deutschen Varianten verzichten gänzlich auf künstliche Farbstoffzusätze und sorgen stattdessen mit leckeren Früchten für Aussehen und Geschmack.

www.kosmos.de/essen_und_trinken   Preisänderung vorbehalten

KOSMOS